小学生の子がどんどん勉強するようになる

親のすごい声かけ

教育系YouTuber Haichi 葉一

JN095262

うちの子、全然勉強しない……。
宿題すらなかなかやらない。
どうすれば、叱りつけなくても、
自分から勉強する子に
なってくれるの？

勉強にとりかかるまでにやたら時間がかかる
「こんなこともできないの？」とついイライラ……
「勉強しなさい！」ともうガミガミ言いたくないんだけど
勉強はイヤイヤ……そもそもやる気がない
うちの子が自分から勉強しだす方法を教えて！

大丈夫！
親がほんの少し声かけや
接し方を変えるだけで、
子どもは劇的に変わります。
それくらいお母さんやお父さんの
言葉にはパワーがあるのです。
この本を読んで
より素敵な親子関係を
築いていただけたらうれしいです。

葉《は》一《いち》です

はじめに

「子どもたちに平等の教育機会を与えたい」――そんな想いで、私がYouTubeの「とある男が授業をしてみた」というチャンネルを開設し、子どもたちへ授業動画を配信して9年になります（2012年6月に開設）。今ではおかげ様で150万人を超える方々にご登録いただけるまでになりました。

当初は、こんなにたくさんの方々にご支持いただけるなんて思ってもいませんでした。駆け出しの頃の1日の再生回数は10回程度で、しかも、そのほとんどが自分の動画チェック回数。珍しくコメントが来たと思ったらクレーム……そんな出口の見えないトンネルのような時期を過ごしました。

それでも、「私の動画を子どもたちが役に立たないと判断したら、そのときは潔くやめよう。でも、届けたい子どもたちに届くまではがんばろう！」――そう決めて、ひたすら地道に続けてきて今に至ります。

はじめに

ＹｏｕＴｕｂｅを始める前は、東京学芸大学で小中高校の教員免許を取得したあと、新卒で教材販売会社に入社し営業職を経験。その後は3年間ほど塾講師や塾長を務め、小学1年生から高校3年生まで３００人以上の子どもたちを担当していました。勤めていたのが個別指導塾だったこともあり、学校の集団授業についていけず、やる気を失っている子たちが多かったように思います。

突然ですが、**なぜ、子どもたちは勉強のやる気を失ってしまうと思いますか？**

それは、単純に「できないから」「わからないから」なんです。ですから、やる気を取り戻すには、**「できるようになる」「わかるようになる」になればいい**のです。

ですから、私の授業では、子どもたちに「できた！」という成功体験を重ねてもらい、「あれ？　勉強って意外とおもしろいかも？」と思えるきっかけをつかんでもらえることを大事にしてきました。

この考えは、塾講師時代から、またＹｏｕＴｕｂｅで授業を配信するようになってからも変わりません。今もカメラの向こう側には、これまでに出会ったたくさんの生徒たちの姿を想い、「勉強する」だけではなく「できるようになる」ところまでをセットにした授業を心がけています。

本書は、そんな塾講師時代やＹｏｕＴｕｂｅｒとしての経験をもとに、主に小学生のお子さんをもつ親御さんに向けて、子どもの勉強にまつわる悩みや学習習慣の作り方などをまとめました。また、私自身も、現在2人の息子（小2と年中）を育てている親として、息子たちに実践していることなども紹介させてもらっています。

なお、本書は、頭からすべてを読まれなくてもけっこうです。

お母さんお父さんの中には、お忙しい方も多いと思います。ですから、目次をご覧になって、興味のある項目から抜き出して読み進めてもらえればと思います。

子どもにとって、**親の影響力は絶大**です。これは、塾講師時代、親御さんの声かけによって変わっていく子どもたちを目の当たりにして、実感したことです。親御さんがほんの少し声かけや接し方を変えるだけで、子どもは劇的に変わります。なぜなら、**子どもは誰よりもお母さんやお父さんが大好きで、「ほめてほしい」「認めてほしい」**と思っていますから。

はじめに

本書をきっかけに、子どもの勉強に対するマインドが変わり、親御さんの悩みや不安が少しでも和らげば、本当にうれしく思います。

難しいことではなく、親御さんたちが日常でできることを本書に詰め込みました。まずは目次からご覧いただけたらと思います。

２０２１年７月

教育系ＹｏｕＴｕｂｅｒ　葉一《はいち》

第1章
CHAPTER.1

「勉強好きな子」「勉強しない子」、その境目は親の一言！……17

CONTENTS

第2章

CHAPTER.2

勉強好きな子に変わるスイッチは「ここ」にある……69

CONTENTS

第3章

CHAPTER.3

座学にこだわらなくても、生活の中に勉強のタネはたくさん！……119

第4章

CHAPTER.4

各教科のつまずきポイントはこう回避しよう……141

「すごい声かけ」を実践した親の体験談

早く勉強が終わった娘に
「こんなに早く終わったなら、
じゃあ○○もやっておけば？」と言ったら、
「なんのためにがんばって
早く終わらせたと思ってるわけ!?
遊ぶためだよ！」
と怒られて反省……。以来、
量よりも質（ちゃんと覚えたか）に
こだわっています。
（小６の親）

宿題や家庭学習の
成果物をちゃんと
見るようになった。
それまでサッと
見てただけだったけど、
ほめてあげると本当
うれしそうです。
（小３の親）

「九九クイズをやるよ～」
と「クイズ」と言って
子どもたちに出題したら、
がぜん食いつきがよくなった。
「今度は○○ちゃんが出す！」
と子どもたちが出題者に
なりたがるように。
（小２の親）

九九の暗記に
苦戦していた息子に、
お出かけのとき、
クイズのように
出し合っていたら
いつの間にか覚えた！
（小２の親）

子どもが
「音読」するのを流して
聞いていたけど、
「誰、どこ、何？」レベルでも、
何かひとつ質問をして、
コミュニケーションを
図るようになりました。
（小３の親）

1

CHAPTER.1

「勉強好きな子」「勉強しない子」、その境目は親の一言！

01

QUESTION

勉強に取りかかるまでにやたらと時間がかかります

ANSWER

子どもが「さっさと終わらせよう」と思える量まで減らしましょう

「勉強＝大変」のイメージを崩していこう

「どうして、うちの子ってこんなにやる気が出ないんでしょう……」

これは、塾講師時代によく耳にした「親御さんのお悩みトップ3」のうちのひとつです。「なかなかやる気が出ない」「勉強に取りかかるまでに時間がかかる」、そんなタイプのお子さんは、**頭の中で「勉強＝大変」という考えが凝り固まってしまっている**ケースが多いです。

でも、大人の私たちだって、そうですよね？

やっかいな仕事が降ってきて「終わるのにいったい何時間かかるのだろう……」というときには、ため息をつきたくなりませんか。なかなか腰が重くなって取りかかれませんよね。でも、ゴールの見える、10分くらいでサクッとこなせる仕事量なら、「ちゃっちゃと終わらせようか！」と軽い気持ちで取り組めるでしょう。

子どもだって同じです。やる気が出ないときには、**「これならすぐ終わるからさっさと終わらせてしまおう！」と思える量まで減らすこと。**

お子さんに「どれくらいの量ならすぐに始められる？」と率直に聞いて、その子が無理なく取り組める量まで減らしてみてください。そうすることで、子どもの心理的なハードルはぐっと下がります。いやいや勉強しだすのではなく、ごく自然に取りかかれるように変わってくるはずです。

わが子に適切な勉強量は？

「では、うちの子にはどれくらいの量がベストなの？」と迷われる方も多いかと思います。

子どもにとってベストの勉強量は、子どもに決めさせるのが一番です。例えば、

「毎日、漢字何個だったら覚えられそう？」

「計算の問題、いくつならやり切れる？」

とお子さんに聞いてみてください。

もしもあまりに少ない量を子どもが答えてきて、親としては「うちの子、もう少しできるかも?」と感じるのなら、「○○ならもっとできると思うから、もうちょっとだけやってみない?」と前向きに伝えて、親子で納得できる妥協点を探ってみてもいいと思います。

親としては「うちの子、漢字5つはいけるんじゃ……」と考えても、子どもが「1個がいい!」と主張するのなら、「漢字の書き取りは3つにする」といった具合にお互いに納得できるラインを探るのです。

でも基本的には、**子どもが決めた量を尊重**したほうがうまくいきますよ。

極力少ない量から始めて

勉強の量を減らすことに不安を感じる親御さんもいるかと思います。

親からしてみると「本当はもっと勉強してほしいんだけどなあ……」と内心思ってしまうかもしれません。

でも、今が「宿題すらなかなかやらない」「勉強しだすのに時間がかかる」という状況

だとしたら、勉強のハードルは相当に低くしてあげたほうが得策です。具体的には、**ゴールが見えやすいように短時間で終わる量まで減らし、心理的なハードルを下げてあげること。**

最初は極力少ない量から始めて、小さな勉強習慣が身につけば十分です。ミニマムな勉強量がずっと続くわけではありません。勉強を日々の習慣に無理なく組み込めれば、徐々に量を増やすこともできます。

また、量を少なくする分、**勉強の「質」についてはロ出ししてもいい**です。量よりも「覚えられたか」を重視して、学んだことがちゃんと定着するように促しましょう（学習の定着を見る方法は27ページで紹介）。

02

QUESTION

宿題の漢字練習がすごく雑で、早く終わらせたいのが見え見えです

ANSWER

宿題ノートを埋めることより、漢字を覚えることを目的に

1回かっこよく書けたら、それでいい!

同じ漢字を何回も書かせる、あるいは、書き順をひとマスに1画ずつ増やしながら書き上げる(10画の漢字だと10マスかけて1文字を書く)……そんな宿題は、個人的にはあまり効果がないなあ、と思ってしまいます。

私だったら、「1回で覚えられたら、それで終わりにしてもいいよ! 10回書くのでもいいけどどっちがいい?」と聞いて、子どもに選ばせます。

それで子どもが「1回のほうがいい」と言ったら、その1回は丁寧にしっかり書いてもらいます。普段より丁寧に書いていることが多少なりとも伝わったら、その点をほめて、漢字を覚えよう、書こうとする力を徐々に伸ばしていきたいですね。

少ない回数で
覚えられたら
ラクだよ

ほら
書けたよ！

書くことを目的にせず、覚えることを目的に

そもそも漢字の宿題の目的は、ノートにきれいに書くことではなく、その漢字を覚えることです。

見るだけで覚えられるなら書かなくてもいいですし、文字を指で書く「空書き」で覚えられるならノートに鉛筆で書かなくてもいいわけです。なにもノートいっぱいに何度も同じ字を書かなくても、例えば3回書いて覚えられたら、それでおしまいでいいんです。**どういうやり方でも覚えられればOK。**やり方は子どもに選ばせてみてはどうでしょう?

そして次の日に、子どもがちゃんと覚えたかは必ずチェックします。チェックは空書きでもかまいません。ただ、ちょっと複雑な漢字や、「とめ、はね、はらい」などを確認したいときだけは、紙に書いてもらうようにします。

大事なのは、何回書くかではなく、**覚えた漢字が定着する**こと。この部分を意識してみてください(宿題のやり方や量について学校の先生と話し合うコツは、第4章の177ページで紹介しています)。

03

QUESTION

毎日の勉強量を子どもに決めさせて本当に大丈夫ですか？

ANSWER

勉強量は親が押しつけないで。子どもが納得した分が「適量」です

小学生の家庭学習は「勉強の練習」をする時間

子どもに勉強量を決めさせるとなると、親が想定した量よりも少なくて不安になる方もいるかもしれません。

でも、大丈夫。勉強量は子どもが納得した分が、その子にとっての「適量」です。

私は、小学生の家庭学習というのは、学習の習慣づけや「勉強の練習」をする時間という意味合いが強いと思っています。**勉強の練習とは、自分に合った勉強のやり方を見つけ出し、自分で考えて勉強するための「練習」**です。ですから、勉強量を決めるのも「練習」のうちです。親の役目は、子どもが自分流の勉強スタイルを見つけるサポートをすること。

あくまでサポート役なので、親が決めた勉強時間を押しつけないでほしいのです。

勉強の目的は「やった」ではなく「覚えた」

24ページでもお話ししたように、勉強の目的は、「たくさんやる」ことではなく「覚える」ことです。「やった」と「覚えた」は一見同じに思えますが、その本質はまったく違います。例えば漢字を3つ覚えるという宿題で、それぞれ10回「書いた」としても、その漢字をちゃんと「覚えた」かどうかは別問題です。

実は、宿題の目的はあくまで漢字を覚えることなのですが、親御さんはつい「回数」にこだわってしまいがちです。

漢字なら同じ漢字をたくさん書く、計算ならたくさんの計算問題をこなすなど、ノートを埋めることを「勉強」と思い込みがちですが、大切なのは、「覚える」こと、「できるようになる」こと。**学習したことがいかに定着しているかが大事**なのです。

親が、回数よりも学習の定着が大事であることを理解できていれば、**「すごい、3回で覚えたね！　じゃあ、あとは遊ぼうか」**と効率化する手段やラクに勉強する方法も教えることができるでしょう。

04

QUESTION

勉強のやり方が子どもに合っているのか気になります

ANSWER

2日前にやったことを覚えていれば大丈夫！

やったことを翌日か翌々日に確認する

例えば、オンライン教材、通信教育、塾に通う、YouTube動画による学習など、勉強のスタイルといってもいろいろあります。基本的に、子どもがやりたいことはやらせて、乗り気ではないものはやめさせればいいと思います。

勉強スタイルが合っているかどうかは、学習した翌日か翌々日に確認してみるとわかります。**1日前あるいは2日前にやったのと同じ問題を出して、それが解けていれば、理解して学習が定着している**ということ。今の勉強スタイルで大丈夫です。でも、もし解けなかったらまだ定着していない証拠。できていない箇所は見直して、復習しましょう。

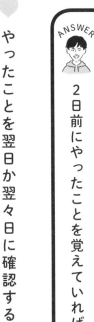

学習の定着を確認することで、**子どもは「自分のことを見てくれている」という安心感**を覚えます。勉強に取り組もうというやる気につながり、好循環を生み出します。

基本は宿題と復習でＯＫ

基本的に学習は、**宿題と復習をメインにやっていれば十分**です（中学受験を考えているお子さんは別として）。

予習はお子さんがやりたければ……という前提で、やってもいいでしょう。

例えば、中学受験を考えているお子さんであれば、予習をして先取り学習をしておけば、授業が復習の役目を果たします。常に先取りをしておけば、ほかの受験生に差をつけることができるかもしれません。

予習をによって、その後の授業が一時的にラクなのはたしかです。でも、**イチから自分で習得しなければならない予習は、復習に比べるとエネルギーも時間も相当に費やします。子どもがある程度、理解しているところをしっかり復習するほうが、学習も深く定着**し、子どもも親も心穏やかに過ごせると思います。

05

QUESTION

子どもが「宿題はない」とうそをついて隠していました

ANSWER

勉強としつけを混同しないようにしましょう

うそをつくことは叱りつつ、子どもの心に寄り添う

塾で出された宿題が多すぎて一部だけを親に見せて、大半を隠し持っていたというお子さんのケースです。私だったら、うそをついたことに関しては子どもを叱ります。その上で、子どもに「『この量は多くてつらいんだけど……』と言ってくれれば、やる量を減らすよ」と伝えます。

ついでに、私は何事にも子どものほめどころを探したいタイプなので、

「宿題が多くてつらいと思ったのに、それでも自分の決めた量をやったことはすごい！」

とほめちゃいますね。だって、その子は宿題を全部隠すことだってできたはずなのに、「これくらいなら自分にもできるかな？」と考えてやったのですから。

罰として隠した宿題をやらせるのはＮＧ

こういうケースで絶対にしちゃいけないのは、罰として隠した宿題を全部やらせること。課題ができるようになることと倫理的なしつけを混同するのはよくありません。それに、**罰として勉強を課してしまうと、勉強に嫌な印象しか残らなくなってしまいます。**

ほかにも「テストで悪い点数を取ったから課題を増やす」というのもＮＧです。それって、子どもにとっては罰ゲームのようなもの。**罰を受ける不安を抱えながらする勉強には、「やらされ感」**がつきまといます。自分から意欲的に取り組む姿勢、知的好奇心とは、まったく逆の方向にベクトルが向いてしまいます。

なお、宿題を隠した子どもに「なんで相談してくれなかったの？」と聞いて、「どうせ『全部やれ』って言われるに決まってるでしょ」などと返ってきたとしたら……その関係性を見直すチャンスです。子どもが相談しやすくなるように、叱るを減らして、ほめるを増やすように意識してほしいと思います（第２章の96ページで紹介）。

06

QUESTION

勉強はいつもイヤイヤ……そもそもやる気がありません

ANSWER

一度勉強嫌いの沼にハマると、簡単には抜け出せないので注意

子どもからやる気を奪う親のＮＧ行動

一度子どもが勉強嫌いになってしまい、「勉強＝苦しいもの」になってしまうと、それを崩すのは大変です。

私は個別指導塾に勤めていましたが、生徒たちは、「勉強が遅れて集団塾ではどうにもならない」と心配した親御さんによって入塾させられてきた子もいて、その多くの子が入塾した段階でもうすでに勉強嫌いで、勉強に対するモチベーションも非常に低く、成果が出ないからますますやりたくないという負のスパイラルに陥っていました。

一度、勉強嫌いの〝沼〟にハマってしまうと、抜け出すのはハードルが高いのです。

そして、子どもが〝沼〟にハマってしまうまでには、親御さんが何かしらNG行動をとっているもの。例えば、子どもがイヤがるのに勉強することを強要したり、勉強のことで怒ってばかりいたり……。いろいろな負の連鎖の積み重ねで、子どもは「もう勉強したくない！」という心境になることも少なくありません。

「できた」の成功体験があるから興味が湧く

正直、「勉強なんて、やったって意味がない」と思う経験は、多くの方がたどってきた道でしょう。例えば、小学校で習った円柱の体積を求める公式、中学校で習った数学の因数分解なんて、社会に出てもほとんど使いません。

では、なぜ勉強するのでしょう？

私が思う一番シンプルな答えは、**社会に出る練習**です。社会に出てからやりたくないことでも仕事でやらざるを得ないこともあります。そんなときに工夫をしてラクに結果を出す練習を、勉強を通じて学んでおくのです（第5章の191ページで詳しくお伝えします）。

そして、勉強することの成果として、**「できなかったことができるようになること、知らなかったことを新しく知ること」**があります。

ちなみに、子どもは必ずしも興味が湧いたから、勉強をがんばるわけではありません。**勉強する↓「できた」という成功体験が生まれる↓勉強したことに興味が湧く**のです。基本的には「できた」という成功体験が先にあって、それから興味が湧きやすいものだと思っています。ですから、すでに苦手意識がある子に、勉強への興味を湧かせようというのは、すごくハードルが高いことなんです。

まずは勉強の量を減らす

では、お子さんが「勉強、もうイヤ！」の〝沼〟から抜け出すには、どうしたらいいのでしょう？　それには、親御さんの根気が必要です。子どものやる気が短期間で劇的に変わるということは、まず不可能だ思ってください。でも、根気強く働きかけていけば、子どもは必ず変わります。

具体的な方法としては、まず**勉強の量を減らして**あげてください。19ページでもお話ししましたが、量が減れば減るほどゴールが見えやすくなるので、「そのくらいならやってみようかな？」と子どもの勉強へのハードルが下がります。

そして、**子どもがやりきったときにいっぱいほめて**あげてください。たとえ親から見て少ない量でも、子どもが自分で決めたことをやり遂げたことはすばらしいことです。**勉強する→ほめる→勉強する→ほめる……その積み重ねで、子どもはちょっとずつ変わっていきます。**

「とりあえずいっぱいやらせよう」の考え方は危険

私がよくないと思っているのは、「とりあえずいっぱいやらせよう」という考え方です。例えば、スポーツではやみくもに練習量を増やすと、そのスポーツ自体への拒否反応が生まれるかもしれません。同様に、勉強ではやりすぎると、「もうイヤ！」という拒否反応を生みます。

極力少ない量から始める→少しずつ量を増やす→最終的にはテストで点数が取れる

そうなったら、「今までのがんばりの成果だね！　やったことが身についたんだね！」と子どもをしっかりとほめます。

「う〜ん。もっと手っ取り早い方法はないの？」と思う親御さんもいるかもしれませんが、子どもに成功体験を増やしていく積み重ねが、実は一番の早道ですし、子どもが変わっていく確実な方法だと思っています。

07

QUESTION

集中力が続かず、ダラダラと時間だけが過ぎていきます

ANSWER

集中力は10分が限界。できる量を子どもに決めさせて

勉強の量を、集中できる時間内に収めよう

あきらかに集中していないときや、手元で違う遊びを始めたりする場合は、量の設定を見直しましょう。しつこく言いますが、**量の設定はすごく重要！** 家庭学習がうまくいくかどうかのカギを握っていると考えてください。

特に学習習慣がまだついていないお子さんは、**短時間でサッと終わる量まで減らす**こと。子どもの年齢やタイプにもよりますが、基本的に**集中力の限界は10分**と考えたほうがいいです。

もうひとつ、勉強量の注意点をお伝えしましょう。

自分がやりきれそうな量を子どもに決めさせる

それは**毎日同じ量をやらせようとしない**こと。量を決めると、つい親御さんとしては「昨日3ページできたから、今日も3ページできるでしょう?」と毎日同じ量をやらせがちです。でも、子どもは学校で日々いろいろなことを経験しています。昨日は元気だったけれども今日はなんかやる気が出ないという日だって当然あるんですよね。

勉強時間や量は、できるだけ「子どもが納得した分」を尊重しましょう。子どもは、気分のむらがあって当然。その日のコンディションに合わせて変えてもいいのです。

わが家では、まず「これくらいはどう?」と大人が提案してから、本人に決めてもらっています。「それは多すぎない?」「少ないなー」と思っても、めったに口を出しません。

子どもは自分で決めたことなのでやらされた感が減りますし、達成できたら「自分で決めたことができた」という自信につながります。

これを繰り返すと、**量の増減などの調整もだんだんとつかめてきます**。ただし、毎日、少しでもいいからやること。**ゼロの日は極力つくらないことが大切**です。

ですから、**やりきれそうな量は子ども自身に言わせること**をおすすめします。昨日は3

ページできたけど、今日はなんか疲れた顔をしているなと思ったら……
「ちょっと疲れてる？　今日は何ページならできそう？　減らしてもいいよ」と本人に聞いてみるのです。

そのように聞くことで、**子どもの心に余裕**が生まれます。切羽詰まってやる勉強と、心の余裕をもってやる勉強では、大きく差が出るものです。

特に、これまで勉強に対して厳しく言ってきた親御さんほど、お子さんにはストレスがかかっています。まさかの「減らしてもいいよ」という言葉が親の口から出てきたら、お子さんの心はとても軽くなるはずです。

そして、子どもが「1ページならできそう」と答えたら、「じゃあ1ページやろう」というふうにもっていけると集中してやりきれると思います。

ちなみに、わが家では長男が小1の頃に**「毎日漢字を3つ覚えよう」**と約束していましたが、学校から帰ってきた息子の表情によっては、「今日は1個にしておく？」と言って調節していました。このようにお子さんの表情を見て微調整しながらやっていくとよいと思います（宿題量の調整については第4章の177ページで紹介しています）。

08

QUESTION

難しい問題はすぐあきらめがち もっと粘り強く考えてほしいのに

ANSWER

わからなかったらすぐ答えを見てＯＫ！

すぐあきらめるのは、全然悪いことではない

まず、すぐあきらめるという子どもの特性の見方をちょっと変えてみませんか？例えば、「がんこ」と言うとネガティブな感じがしますが、「意志が強い」と言うとポジティブな感じがするでしょう。でも、特性としては「がんこ」と「意志が強い」ってほぼ同じですよね。

すぐあきらめる子って、難しそうな問題が出てきたときに、あまり深く考えずにすぐ答えを見てしまいがち。親御さんは「もっと粘り強く考えてほしい」と思うようですが、私はすぐに答えを見るのは全然悪いことだと思っていないんです。塾講師時代からずっと、

「わからなかったらすぐ答えを見ていいよ！」と生徒に言っていましたから。

目的は「問題を理解できるようにすること」

子どもにとっての勉強の目的は、「この問題が解けること」ではなく、「この問題を理解できるようにすること」なんです。

どういうことかというと、子どもに問題を解いてもらうと、子どもは「この問題に正解しなさい」と言われているように思うわけです。問題を解くというのは、「○か×か」の世界。だから、正解して○を取りたいのだけど、わからなかったら「もう適当に書けばいいや！」で終わってしまうことがあります。

でも、そうではなくて、**目的は「この問題を理解できるようにする」**ということです。

だから、解答を読んでもいいんです。ちゃんと理解してできるようになれば。

あきらめるという意味を「もう無理！　やらない！」にとどめるのではなく、**「解答を見てできるようにする」までをセットにして導いてあげればいい**のです。そして、次の日にまた同じ問題を解いてみて、そこで解けたら思いっきりほめてあげてください！

それでも、粘る力を育成したいなら？

それでも、どうしても粘る力を育成したいという場合は、子どもが問題をある程度解き進めて、途中でペンが止まったときがチャンスです。子どもの中である程度の解法がイメージできていて、でも途中で「あれ？　なんかおかしい？　どこだ？」みたいになったときは粘らせる価値があります。

ただし、最初から歯が立たないようなときは、残念ながらいくら粘らせてもムダです。特に、算数（数学）は最初の解法を思いつくかどうかで、正解にたどり着けるかどうかがほぼ決まります。

モチベーションを下げるくらいなら、**答えを見ながら進めて、できることを増やしていくほうが子どもにとってはやりやすいと思います。**

09

QUESTION

うちの子はひとつの問題に粘りすぎてなかなか先に進めません

ANSWER

意地になっている場合は親が区切りをつけてあげて

子どものプライドを傷つけない声かけを

塾講師時代の経験から、圧倒的に多いのは前項でお話しした、すぐあきらめるタイプの子なのですが、ときどき、ものすごく粘るタイプの子もいます。こういう子には、とことんやらせるのが一番の理想です。

ただ、ある程度のところで自分で見切りがつけられる子はいいのですが、変なプライドが出てきちゃって「もう絶対できるまでやる!」という状態になってしまう場合には、親が声をかけて区切りをつけたほうがいいかもしれません。

そのときの声かけにはちょっとだけ気をつけましょう。**「もういい加減やめなよ」**とか**「そんなに粘ってもムダだよ」**というような言い方をしてしまうと、**「お母さんは私（僕）ができないって決めつけた」「私（僕）の努力をムダって言った！」**というふうに、子どものプライドを傷つけてしまいます。

タイマーを使って時間を設定しよう

こういう粘るタイプの子には、時間を設定することをおすすめします。

「ねえねえ、あと何分やるかを決めておかない？」

などと声をかけ、子どもに時間を決めさせてタイマー（キッチンタイマーでもスマホのタイマーでも）を設定します。

「じゃあこれが鳴ったら答えを見ようね」

という感じに誘導してあげると、子どものプライドを傷つけません。

ポイントは、子どもに時間を決めさせるということ。ただ、このとき時計を見て「何時までにする？」と聞いてしまうと、ざっくり30分や1時間などと長い単位で言ってくることが多いので、タイマーを利用することをおすすめします。

ゲームなどを切り上げさせたいときにも有効なワザ

長い時間を言ってくるのは低学年くらいの男の子に多いパターンです。大きな数字を言っている自分をかっこよく感じたり、ちょっと見栄を張ってしまったりすることはよくあります。すごく細かいところなのですが、タイマーを使うと、5分、10分など短い時間で区切りをつけられるようになります。

また、もし、「あと何分にする?」と声かけをして、「100分!」など、やたらと大きな数字で答えてくるような場合は、**あえて「秒」で聞いてあげる**ことをおすすめします。「あと何秒にする?」というふうに聞くと、必ずといっていいほど「秒」で返答してきます。「300秒!」と言われても、それは分換算するとたった5分ですから。

このやり方は、YouTubeやゲームを切り上げさせる際にも有効ですよ。

10

QUESTION

ケアレスミスが多く、同じ間違いを繰り返します

ANSWER

ミスは子どもの「落とし穴」の発見ポイントです

子どものミスは発見の宝庫！

同じようなミスを繰り返すのも、前に教えたことを忘れてしまうのも、親の受け取り方次第だと思います。

実は、このケアレスミス問題、子どもが定着しにくいポイントが浮き彫りになっているということなので、親御さんはそれを発見できて、むしろラッキーなんですよ。

私が塾講師をしていた頃も、親御さんから「ケアレスミスを減らしたい」という相談はよく受けていました。そして、このケアレスミスを減らす方法というのは、**子ども自身が自分のケアレスミスしやすいクセを知っているかどうか**が大きく関わってきます。

算数でいえば、小数でケアレスミスを起こしやすい子と、分数でケアレスミスをしやすい子とではタイプが変わってきます。子ども自身が小数でケアレスミスが起きやすいというクセを知っていれば、小数が出てきたときに「ミスしやすいから気をつけよう」と構えられるのです。

ケアレスミスは「×ではなく△」

ただし、子どもにとっては、問題に正解できたか不正解だったかがすべてだったりします。なので、ケアレスミスも「ただの不正解」で終わってしまいます。でも、ケアレスミスについては、自分のクセさえしっかり自覚しておけば、次は防げます。**限りなく正解に近い間違い**なのです。

ですので、親御さんが子どもの間違いのクセを覚えてあげて、「×じゃなくて△だよ。惜しかったね。△を○に近づけようね」と言ってあげると、子どもの成長につながりやすくなります。

単なるケアレスミスから子どもに苦手意識をもってほしくないですよね（第4章の163ページ）。

11

「こんなこともできないの?」とついイライラしてしまいます

口に出す前に「その言葉が本当に必要か?」の自問自答を

親が思っていることは、間違いなく子どもに伝わる

私も、わが子に対してだと、よそのお子さんには絶対言わないような言葉がつい口から出てきちゃいそうになるので、「こんなこともできないの?」「どうしてできないの?」と言いたくなる親御さんの気持ち、すごくわかります。

でも、やっぱり**「こんなこともできないの?」という言葉は、子どもに伝えてはいけないNGワード**なんです。たとえ、その言葉を口に出していないとしても、親が心の中でそう思っているだけで、確実に子どもに伝わってしまうと思います。

子どもって、ビックリするぐらいに親の顔色を見ているんですよ。

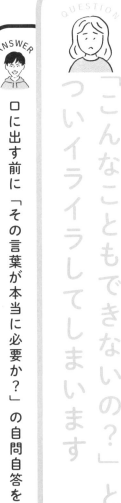

塾講師時代に、お母さんに対して「クソババア」とか普通に言っちゃうようなヤンチャな女子中学生を担当したことがあるんですが、そんな反抗期真っ盛りの子でも、お母さんの顔色をすごくよく見ていて、いろんな変化に気づいていました。

その女の子に限らず、親が「なんでこんなこともできないんだろう？」と思っていると、それは間違いなく子どもに伝わってしまいます。

この一言は子どもにとって必要か？

私は、息子に勉強を教えていて、つい余計な一言を言いそうになってしまったとき、心の中で自分に「ちょっと待て！」と言うようにしています。そこで自分を止められたら、**「この子にとって本当に必要？」と心の中で自分に問います。**そうやって客観的に自分を見る瞬間を作れるよう、今も訓練中です。

そうは言っても、感情をぶつけてしまうことは、人間だから誰しもあると思います。だとしたら、言ってしまったあとのほうが大事です。自分が間違っていたと思ったらすぐに謝りましょう。**謝るのもほめるのも叱るのも、時間をあけずにできる限り早く伝えたほうが相手の心に届きます。**

12

QUESTION

「勉強しなさい！」とガミガミ言わないとやってくれません

ANSWER

強制の言い方ではなく、自分に気づかせる声かけを

強制的に勉強させても意味がない

私たち大人も同じで、命令や強制するような言い方をされたらいい気はしませんよね？ たとえ、命令により子どもが勉強しだしても渋々です。そんな不満そうなわが子の姿を見て親御さんもまたイライラ……そんな悪循環にはまるシーンが目に浮かびませんか？

それよりも、子ども自身に気づかせるような声かけをしましょう。

例えば、「夕飯の前に宿題を済ませる」というルール決めをしていたのに、子どもがそれを忘れてダラダラとテレビを見ていたとしたら……。「なにやってるのよ!? 早く宿題やりなさい！」と言いたくなっても、そこは飲み込んで、口に出さないようにします。

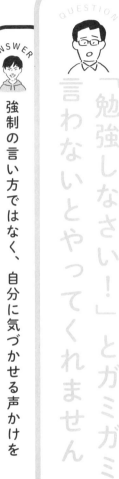

「あれ、今何する時間だっけ？」と、いかにも意味あり気な笑顔で問いかけてみてください。そうすると、子どももハッと気づくはずです。そして、自分から宿題をやりだしたら、グッとガッツポーズしてエールを送ってあげてください。

このとき、「えらい！　よく気づいたね。天才だよ！」などと過度にほめてしまうのはやりすぎ。間違ったタイミングの過度なほめは、ほめの価値が下がってしまうので注意が必要です（第2章の97ページ）。

「○○できたらかっこよくない？」「○○だと面倒くさくない？」

また、**男の子によく効くのは、「○○できたらかっこよくない？」とか「○○だと面倒くさくない？」という言い方**です（特に低学年の子に有効です）。

例えば、子どもが本を読んでいて読めない漢字を聞いてきたとき、教えてあげつつ、

「この漢字、自分で読めたらかっこよくない？」

「毎回、聞きにくるの、面倒くさくない？　自分で読めたらいちいち聞かなくて済むよ」

などと言ってみてください。自分自身にとって有益な未来がイメージできると、前向きな気持ちになれる子は少なくありません。

13

QUESTION

間違いを指摘するとふてくされる、時にはかんしゃくを起こします

ANSWER

間違いの指摘はとにかく短く、サラッと伝えましょう

完璧主義が強い場合は、根気よく崩してあげる

私の長男が、まさにこのタイプです。小さい頃から完璧主義なところがあったので、「パパだって間違うし、誰だって失敗することはあるんだよ」と伝え続けてきました。

「できないことに出合ったときに何をすればいいと思う？　それは練習するしかないんだ。でも、練習すれば必ずできるようになるよ！　だって〇はパパの子どもだもん」とはよく伝えていた声かけです。

今ではだいぶ本人の中で消化できてきたようです。もしお子さんがそういった完璧主義にとらわれている場合は、根気よく働きかけてミスへの劣等感を崩してあげる必要があると思います。

短く、特別感を出さずにサラッと伝える

このケースでほかに考えられるのは、親御さんには申し訳ないのですが、言い方に問題があるパターンです。間違いの指摘が長かったり、グチグチ言ってしまっていたり……。

間違いを指摘するときに私が心がけているのは、ひとつは、**とにかく短く伝えること**。

もうひとつは、**特別感を出さず、普段のテンションで伝える**ことです。

「これ、間違ってるよ！」とか「ここ、違う！」と強く指摘するのではなく、「これ、ちょっと違うから直しちゃおうかー？」という感じであくまで普通のテンションでサラッと伝えます。

また、「ミス」とか「間違い」というと、何か失敗をやらかしたという印象が強いので、「惜しかった」とか「もったいないねー！」という言葉に変えたり……特に息子の場合は「かっこいい」という言葉にヒットしやすいので、

「これ、〇〇だったら絶対できるから！　テストでは×にならないように一発でかっこよく決めていこうぜ！」

など、よりかっこいい理想的な自分に近づける、というプラスのイメージにしてあげると子どもも前向きな気持ちになれます。

14

QUESTION

小3でも指数えをやめない うちの子、学力が低いのでは……

ANSWER

指計算はいずれなくなるので、心配しなくても大丈夫

指数えが残る子はけっこう多い

子どもが小学3年生くらいになっても、指で数えて計算していると、「やめさせたい」と言う親御さんは多いんですよね。でも、私は**「指で数えてまで正解を出そうとしていてえらい」**と思っています。

塾講師時代、3〜4年生くらいで入塾してきて、まだ指数えが残っている子は、実はそんなにめずらしいことではありませんでした。最初の面談で、親御さんは「この子、まだ指で数えてるんです」とイヤがるのですが、当時から私は、**「お母さん、それってすごくほめどころじゃないですか？　あきらめないで指で数えてまで正解しようとがんばってるんですよ！」**とお伝えしていました。

まず、指数えに関しては、いつかなくなるので心配しないでください。その子その子によってなくなるタイミングが違うだけで、中学生や高校生になっても残っている子なんてほぼいませんから。ですから、子どもが指数えで計算していても、静かに見守っていてあげてください。

むしろ、指数えの行為よりも心配なのは、子どもが指数えする裏側にある気持ちです。過度に失敗を恐れたり、間違えて怒られたような嫌な経験があったりすると、暗算ではなく指数えという確実に正解できる方法をとるようになることがあるんです。

そういう子には、内心の不安を取り除いてあげることが先決です。

「間違ってもいいんだよ」

「お母さん（お父さん）だって、誰にだって間違えることはあるんだから」

子どもが「間違ってもいいんだ」と思えるようになると、だんだんと不安やプレッシャーが消えていき、いつの間にか指計算はなくなっていきます。

15

QUESTION

うちの子はもっとできるはず！なんとかして学力を上げたい

ANSWER

教育の主役は子ども。親ではありません

子どものハードルを上げる＝苦しみを強いる

申し訳ないのですが、私は、親御さんの期待値と子どもの今の能力とが大きくズレている場合に、その子の能力を親御さんの期待値まで飛躍的に上げる方法については考えたくありません。このお悩みについて私から言えることがあるとしたら、**子どものハードルを上げることで、プラスになることはほぼない**ということです。子どもに苦しみを強いるだけで、下手をしたら子どもの心がつぶれてしまいます。

塾講師時代から、こういった考えが強い親御さんには2パターンあると思っていました。ひとつは、自分の学歴にコンプレックスを感じている親御さん。「自分みたいに苦労してほしくない」という想いから、高いハードルを設定してしまうのです。

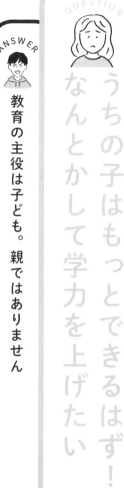

もうひとつは、逆に勉強が比較的得意だった親御さん。「私の子だったらできるはずだろう」と考えて、ご自身が歩んできたルートや成功体験を子どもに強いてしまうのです。

走るのは子ども、だからゴールは子どもに決めさせる

私が常日頃から、親が絶対に忘れてはいけないと思っているのは、「走るのは子ども」という意識です。教育の主役は子どもです。親御さんではありません。ですから、ゴールの最終決定は子どもに決めさせないと意味がありません。

私は、**親の役目は「子どもにいろいろな選択肢を見せてあげること」**だと思っています。例えば、中学受験をする際に、子どもだけではたくさんの中学校のことを調べ上げるには限界がありますよね？　そこを親御さんが「こういう中学もあるよ」といろいろな選択肢を見せてあげる。実際に子どもと一緒に説明会や文化祭などに行ってみて、その上で、どの中学に行きたいか、どれだけがんばれるかというのは子ども自身が決めます。

そこを無視して、親が「ここの中学に入るために偏差値をいくつ上げなさい！」と勝手に決めてしまうことは、子どもの成長にとってどんな意味があるのか？　私は、逆に親御さんに問いたいです。

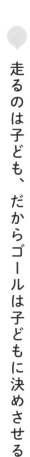

16

QUESTION

共働きで忙しくて子どもの勉強に付き添えません

ANSWER

宿題をやったかの確認だけでなく、中身も見てほめましょう

子どもの宿題にはほめどころが満載

共働きのご家庭では、子どもを学童に預けて、そこで宿題をやってくることが多いと思います。そして帰宅してから、いろいろ確認すると思うのですが、そのとき、「宿題ちゃんとやってきた？」と確認するだけでなく、1～2分でいいので宿題の中身もちゃんと見てあげてください。

わが家も、子どもは毎日学童で宿題を終わらせてくるので、宿題に関しては基本的にあまり付き添っていません。ですから、その分、子どもがやった宿題の中身は必ず見るようにしています。

というのも、子どもの宿題には、ほめどころが満載なんですよ。探そうと思えば、いくらでもほめどころを探せると思っています。

子どもへの声かけは「いつも見ているよ」というメッセージ

例えば、宿題の解答を確認する時間がなくても、

「今日は名前がすごくきれいに書けてるね」とか、

漢字ひとつにしても、

「この漢字すごくうまく書けてるね！」

というふうに、探せばほめどころは無限大！　いくらでもあると思っています。

それらの声かけは、いわば**「いつも見ているよ。よくがんばっているね」というメッセージ**です。言葉にしてしっかりと子どもに伝えてあげてください。

宿題を確認するやりとりはほんの数分でいいのです。ご両親が共働きでしたら、働いて家事をしながらの育児は本当に忙しいですから。少ないやりとりしかできないからこそ、その時間でのやりとりを濃く有意義なものにしてあげれば、子どももきっとうれしい時間になると思います。

17

QUESTION

ほかのきょうだいがうるさくて、勉強できる環境を与えられません

ANSWER

勉強時間を短く設定し、その時間だけは協力してもらいましょう

みんなで10分だけ協力しよう

きょうだいが多くて、子どもが勉強しているリビングで、ほかのきょうだいも遊んでいたりすると、なかなか勉強に集中させるのは難しいですよね。

この場合の解決策も……「量の問題」に落ち着いてしまうのですが、量を少なく設定することで、勉強時間も短く設定します。そして、その時間だけはほかのきょうだいに「静かにしてね」と協力してもらいます。

例えば、「今から10分、お兄ちゃん（お姉ちゃん）が勉強するから、10分だけ静かにしようね」などと言ってタイマーをかけて、その時間だけは静かにしてもらいます。そして、「終わったらみんなでゲーム大会やろうね！」みたいな楽しい流れにします。10分で勉強が終わらないような場合は、これを何度か繰り返します。「主役は勉強している子ども」というのがポイントです（次の項目で詳しくお伝えします）。

上の子に先生役をやらせてみよう

また、上のお子さんのタイプにもよりますが、上の子に先生役をやってもらうのもおすすめですよ。例えば、「この範囲から漢字クイズを出して、合っているかチェックしてみてよ」というように漢字の問題を出してもらうのです。

ちなみに、**子どもに先生役をやらせることは、とても教育効果が高い**のです。人に教えるのはすごく難しいことで、頭の中でポイントが整理できてないと口に出して説明できないんですよね。

先生役の上の子が流れるように説明できているなら、ほぼ完璧に知識が定着していると思っていいです。でも、話が行ったり来たりしたり言葉に詰まったりするところがあれば、それは知識の定着が甘いところ。それに気づけるのも、親にとってもメリットなのです。きょうだいがいなければ親が生徒役をやるのもすごくおすすめです。

18

QUESTION

小さいきょうだいが上の子の勉強の邪魔をしてしまいます

ANSWER

勉強している子、がんばっている子を「主役」にしてあげて

がんばっている子を尊重してあげたい

上の子が勉強していて下の子が騒いだり邪魔をしたりしても、親御さんは「まだ小さいんだから仕方ない」と下の子をかばってしまいがちです。

そうではなくて、「お兄ちゃん（お姉ちゃん）は、今がんばってるからちょっとがまんしようね」と上の子を尊重してあげてください。たとえ下の子がまだ幼く、しっかりとしたコミュニケーションが取れない場合でも、です。

すると、上のお子さんがうれしいのはもちろん、**下の子には、お兄ちゃんお姉ちゃんが尊重されがんばっている姿を見て、「自分もそうなりたい」と憧れの気持ち**が生まれます。

私には、がんばっている人を主役にしてあげたいという想いがすごくあります。うちの子は3歳差の兄弟で、やっぱり弟のほうが主役になりがち。でも、お兄ちゃんには「勉強をがんばっているときまで、がまんしなきゃいけないの？」なんて思わせたくないのです。

お母さんが自分を立ててくれた、といううれしさ

また、がんばっている人を主役にすると、次のような一連の効果があります。

上の子にとっては、親が自分を尊重してくれたのでうれしいわけです。それで下の子が邪魔をしてしまうときがあると思うのですが、上の子からすれば、一度お母さんに顔を立ててもらったので、その後、下の子に対して文句が言いにくくなるでしょう。

その上で、「ねえ、その宿題、あと何分で終わりそうかな？」と聞いてみてください。きっと「早く終わらせなきゃ！」とがんばってくれるはずです。

もしも、「う～ん、10分ぐらいかな」と言われたら、下の子に「お兄ちゃん（お姉ちゃん）、あと10分で終わるから、10分だけちっちゃな声で遊ぼうか？」と伝えれば、上の子からすると**「自分で10分って言ったからがんばろう！」とやる気になります**し、お母さんに主役にしてもらったので、気分よく勉強に集中できるはずです。

勉強をしている子を主役にすることで、ここまでセットでよい効果があるんです。

19

QUESTION

勉強中、夫が子どもに厳しく当たるのをやめさせたいです

ANSWER

お母さんが子どもの絶対的な味方になってあげて

パートナーの態度を変えるのは難しい

これは切実な問題で、パートナーとお子さんの板挟み状態になっているお母さんは相当につらいですよね。塾講師時代にも、こういった夫婦関係の相談はたくさん受けてきました。お母さんが厳しいというご家庭もありましたが、お父さんが厳しいご家庭のほうが圧倒的に多かった印象があります。

この「パートナーの子どもへの対応」には2種類あると思っています。

1つめは、無関心なパートナーです。パートナーが子どもの勉強に無関心すぎてイライラしているというご家庭。でも、正直、これはパートナーが何も言ってこないだけまだマシなんです。

やっかいなのは、2つめの無関心なのに口だけは出してくるパートナーです。

正直、これに対する解決策ははっきりと提示するのが難しいのですが、私から言えることがあるとしたら、相手の態度を変えることはほぼ無理なので（夫婦関係においてはどちらかというと夫の立場が上で、聞く耳をもたない場合が多い）、**お母さんが子どもの絶対的な味方になってあげてください**、ということです。

パートナーがいないところで徹底的に子どもの味方を

例えば、夫が子どもに対して暴言を吐いたあと、夫がいないところで、「お父さんはああ言ったけど、お母さんはあなたの味方だからね」と伝えるようにします。あるいは、夫の言うこともある程度は理にかなっているけれど、言い方がひどい場合などは、子どもをフォローしつつ、「お父さんは言い方が悪いけど、言おうとしているのはこういうことなんだよ」というやわらかい言葉に変えてあげるなどして、子どもの味方になってあげてください。

お父さんが厳しい場合はお母さんが味方に、お母さんが厳しい場合はお父さんが味方に、というポジションをとってあげれば、お子さんもいく分気持ちがラクになります。

20

QUESTION

YouTubeやゲームをなかなか切り上げられません

ANSWER

「勉強をがんばる→ごほうび」の順でルールを徹底して

「アメ→ムチ」ではなく「ムチ→アメ」の順で

これに関しては、ある程度「ルール」の整備をする必要があります。

勉強をするのに、「アメ→ムチ」の順だと「ごほうびのあとにがんばる」になってしまいます。**教育においては「ムチ→アメ」の順で「がんばったらごほうび」**のほうがずっと効果が高くなります。それに、「宿題が終わったらゲームしていいよ」と言われたら、「たくさん遊びたいから早く勉強を終わらせよう！」という気持ちにもなりますよね。

わが家では、牛乳パックの底を切り取って、マジックで「10分」と書いたチケットを作っています。宿題にプラスして「プリント○枚」「通信教育」、あるいは「お手伝い」をやったら、そのたびに**「10分チケット」を子どもにあげます。このチケットを使って、ボー**

ナスタイムとして1日30分まで、ゲームやYouTubeの時間を増やすことができるというルールにしています。

子どもはYouTubeを切り上げられない

「アメとムチ」の順番を間違えて、YouTubeやゲームのあとに勉強するというパターンを許すと、没頭して抜け出せなくなる〝沼〟にハマります。特に、YouTubeは関連動画が次々と出てきて、無限に見続けてしまうので注意が必要です。子どもはなかなか自分では切り上げられないので、3、4時間見続けていたなんてこともザラでしょう。

でも、やることをやったあとなら、ある程度はYouTubeやゲームで楽しんだって全然いいですよね？　大人だって仕事が終わったら、正直ダラっとしたいですし。

もちろん、ごほうびの遊びタイムだからといって、無制限というのも考えものですので、ある程度の時間で切り上げられるように時間を設定しましょう。時間は、子どもに決めさせます。「あと何分にするか決めない？」と声かけをして、**もし子どもがあまりに長い時間を言ってきたら、**「それはちょっと長すぎない？」と交渉して親子で折り合いをつけていきましょう（長い時間を言ってくる子への対応は、43ページで説明しています）。

21

QUESTION

スマホが鳴るたびに勉強が中断されてしまいます

ANSWER

勉強中は子どもの見えないところにしまいましょう

ＬＩＮＥやＳＮＳの通知音は絶対にＮＧ

スマホは、勉強中は子どもの見えないところにしまってください。これは「絶対！」です。勉強中にスマホが目につくと、必ず集中力をそちらにもっていかれますから。特に、ＬＩＮＥやＳＮＳ系の通知音が鳴ると、１００％と言っていいほど集中力が中断してしまいますので、通知音は絶対に鳴らないように設定してください。

ただし、**「勉強中にスマホは親に預けなさい」とは言わないほうがいい**です。子どもも高学年くらいになると、親にスマホを預けることに抵抗を感じてくると思うので、子どもから「スマホを預かって」と言われない限りは、親の側からは言い出さないほうがいいです。

また、もしお子さんがグループＬＩＮＥやＳＮＳなどを盛んにやっている場合は、勉強する前に、こんなアドバイスをすることをおすすめします。

「『今から〇分くらい勉強をがんばるから、それから返事するね』と断っておいたら？」

なお、これは小学校高学年から中高生の女の子グループに多いのですが、ＳＮＳの返信が遅いだけで友人関係に角が立つこともけっこうあるようです。スマホを見えないところにしまっても、「ＬＩＮＥが来てて『返事が遅い』って思われたらどうしよう……」と心配になって勉強に集中できないケースもあるのです。

ちなみに、勉強しているときに、「返事が遅い」などと文句を言ってくるような子がいたとしたら、「それはもう友達じゃない！」と私なんかは思います。

罰則としてスマホを取り上げるのは最終手段

勉強しないと「スマホを取り上げる」という親御さんも多いのですが、私は、このやり方はあまりおすすめしません。なぜなら、子どもが楽しみにしているスマホを禁止したら、親子関係がだんだん破綻していくのは目に見えています。それに、これだけ娯楽があふれている世の中で何かを禁止しても、結局、子どもは違う娯楽に走るだけです。

罰則を科せば、子どもは渋々それを受け入れるでしょう。でも、それでがんばるかというと……がんばらないんですよね。その場しのぎでやむを得ず勉強するだけで、あまり身につかないのです。子どもがイヤイヤ勉強している姿を見て、親のほうもまたイラッとしてしまう——そんな負のスパイラルに突入です。

もし罰則を科すなら、もうほかに手のほどこしようがないときの最終手段にしてください。そのときの言い方も、「○○したらもうスマホを解約するからね！」ではなく、「ちょっと本音で言っていい？　もしあまりに宿題しないことが続いちゃうと、やっぱり『スマホが邪魔してるのかな？　スマホがないほうがいいのかな？』って思っちゃうんだよね。でもそうはしたくないから一緒に考えよう」

そんなふうに、スマホとのつき合い方を一緒に考えようというスタンスで話したほうがいいと思います。

私は、スマホを禁止されてがんばれた子より、**スマホがあるけどうまくつき合ってがんばれた子のほうが、自分を律する力が強い**と思っています。そういう力こそ社会に出てからも役に立ちますし、個人的にはその土台を育成したいと思いますね。

2

CHAPTER.2

勉強好きな子に変わるスイッチは「ここ」にある

01

QUESTION

大きくなったら親の言うことを聞かず、勉強しなくなりました

ANSWER

子ども自身が決めて実行する力を育てましょう

自分で決めさせることの意味

第1章で、家庭学習がうまくいくためには、**勉強には「量」の設定が大事**だとお伝えしてきました。

そして、お子さんにベストの勉強量は、親ではなく、子ども自身に決めさせるのが一番なんです。「自分で決める」ということは、勉強以外のことにもたくさんの大事な意味があります。

塾講師時代、保護者の方からよくこんな相談を受けました。

「小学生のうちは親の言う通りに勉強してくれたのに、中学校に入った途端、親の言うことを聞かずまったく勉強しなくなってしまった。どうしたらいいでしょう？」

こういうことは、今まで勉強に関して子どもに決めさせずに、全部親が決めてきてしまったご家庭でよく起こります。

また、中学受験で親の言う通りに勉強してきた子も、このパターンに陥りがちです。受験をクリアするまではがまんして親の言う通りにがんばるのですが、受験が終わって目標がなくなると、もう親の言うことを聞く必要がなくなるんですよね。

「子どもに言うことを聞かせる」というズレ

ちょっと厳しいことを言いますが、そもそも親御さんが**「子どもに言うことを聞かせる」という観点をもつこと自体がズレている**のだと思います。子どもは親の所有物ではありません。ある程度の年齢になったら親の言うことに素直に従わなくなるのも当然のことだと思います。

ですから、子どもがそうなったときにちゃんと自分で決めて勉強できるように、**普段から「子どもに決めさせる」経験をさせておくことが大切**です。親に言われた通りに勉強をするのではなく、「自分で決めた」もしくは「親と相談して自分が決めた」勉強を子ども自身が納得して実行する、という経験を重ねる必要があるのです。

「イエスマン」は伸びにくい

また、塾講師時代の経験から、親の言うことだけに従ってきた「イエスマン」の子は伸びにくい傾向がありました。こういった子は、私が「来週までにこの宿題やってきてね」と言えば必ず守ってくれるんです。

でも、本当に言われたことしかやらずに、勉強において自分の意思で選んだり決めたりする行動がまったくないのです。もちろん、言われたことはちゃんとやるというのは、まじめですばらしい長所なのですが……。

ですから、「イエスマン」タイプの子どもには、意図的に自分で決めてもらうようにしていました。宿題は私が提示するのではなく、こんなふうに聞いていました。

「今日の宿題はどれにする？　どこまでできそうか自分で決めてごらん」

でも、最初は決められません。

「何をやっていいかわからない」「何ページやればいいですか？」「例を示してくれたら、

それをマネします」

などとひとりでは決められないので、選択肢を減らして2つ3つの中から選んでもらう、自分でできる量を決めてもらうなど、相談しながら少しずつ本人に決めてもらっていったのです。

育てておくべきは「自分で決めて実行する力」

そして、その子が自分で決めた宿題をやってきたら、「言われたことをやってえらいね」ではなく、

「自分で決めたことをちゃんとできてすごいね」

とほめていました。**「自分で決める→実行する→ほめる」**ということを積み重ねて、みんな、だんだんと自信がつき、行動も変わっていきます。

子どもも生徒も、いつか自分の元を巣立っていきます。いつまでも親や先生が子どもの勉強や人生をサポートすることはできません。子どもがひとりで進まなければならないときのために、育てておくべきは「自分で決めて実行する力」なのです。

02

QUESTION

少ない量でいいと言われても本当に大丈夫かなと不安です

ANSWER

徐々に増やすために、まずは少ない量から始めましょう

1日1問だってOK！ 時間でなく、量で区切る

子どもが家庭学習にまだ慣れていないうちは、これまでお伝えしてきたように学習量は少なく、勉強のハードルはとにかく低く設定してください。量が減れば減るほど、ゴールが身近に感じられるので、「そのくらいならやってみようかな？」と、勉強に取りかかりやすくなります。

極端な話、私は**「1日漢字1個、計算1問」だけでもOK**と思っています。計算ドリルも漢字ドリルもページ単位では多すぎるので、個数で決めるのもアリです。

また、**勉強は、必ず時間でなく量で区切ること。**「○時まで勉強」というふうに時間で

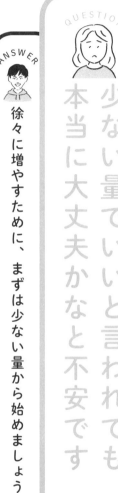

区切ると、どう勉強しても過ぎる時間は同じなのでダラダラやってしまいがちです。でも、量で区切ると、早く終わらせればそれだけ早く遊べます。そうすると、子どもも「早く勉強を済ませよう！」という考えになり集中しやすくなります。

勉強が終わったら、その日にやった内容をちゃんと覚えているか親がチェックして、クリアしたらおしまいです。そして、自分が決めた量をしっかりやり切ったことをいっぱいほめてあげてください。

たとえ**親御さんから見てどんなに量が少なくても、自分で決めたことをやり遂げたことはすばらしい**ことです。この積み重ねで、だんだんと家庭学習の習慣が身につけば、自然とできる量も増えていきます。

少ない量に不安を感じたら……

「1日1問だなんて、そんな少ない量で本当に大丈夫なの？」と不安を感じる親御さんも多いかと思います。

例えば、子どもが「1日漢字1個」というから1個にしているけど、親の希望として

「1日に5個は漢字を覚えてほしい」という場合はどうしたらいいでしょう？

その場合は、わが子の普段の様子を見ていて、「この子ならもうちょっとできるのでは？」と感じたら、

「でも、〇〇なら3個はいけると思うんだよね。1回チャレンジしてみない？」

というふうにもちかけてみてもよいと思います。もし「3個」を提案して子どもの顔色がくもっていたら、

「じゃあ、1個と3個の間をとって2個でどう？」

といった具合に折り合いをつけてみてはどうでしょう？

大事なのは、決して「やりなさい」とは押しつけず、子どもと話し合ってお互いに納得して決めることです。

また、同じように大事なのは、「子どもに1日5個やってほしい」という親御さんの思いだけでなく、「この子は本当に毎日漢字を5個覚えられるのか？」という客観的な視点です。客観的に見て、「この子にはまだ難しいだろう」と思ったら、申し訳ないのですが、まだ5個やらせるタイミングではないと思ってください。

量は固定せず、臨機応変に

毎日の学習量を決めたからといって、「毎日必ずこの量をやる！」というふうに、がんじがらめに固定する必要はありません。子どもだって学校で日々いろいろなことがありますから、すごくがんばれる日もあれば、全然やる気がでない日だってあるでしょう。

疲れ切った表情で帰ってきたら、子どもにやり切れそうな量を聞いて減らしてあげて、逆に、「もっとやりたい！」というような元気な日は、やりたいだけやらせてあげればいいと思います。


わが家も、長男が小1のときには「1日に漢字を3個覚えよう」という量で設定していることは第1章でもお話ししました。それでも、子どもの表情や気分によっては、1日1個に減らした日もありました。

家庭学習は毎日継続することが大事です。**何もしない「0」の日は作りたくない**ので、量は微調整しながらやっています。

03

QUESTION

帰宅後すぐに宿題をうながしても疲れているからとやりません

ANSWER

勉強時間はできるだけ「早い時間」に設定しましょう

極力早く、可能な限りすぐ！

勉強の時間は「極力早く」設定しましょう。「極力早く」というのは、具体的には、学校から帰ってきたら「すぐ」です。学校から帰ってすぐ習い事や塾に行かなければならない場合は、習い事や塾から帰ったら「すぐ」です。あるいは「可能な限りすぐ」に設定してください。

「帰宅後すぐに宿題をすすめると『疲れたから無理～』と言って拒否される」

そんな悩みをもつ親御さんもいるかと思いますが、これは繰り返しお伝えしている**「量」の設定の見直し**で解決できます。

子どもが、「疲れたから無理」と言うのは、勉強に労力が必要だと思っているからです。**「サクッと終わらせられる」量まで減らして、「さっさとやっちゃおう！」というマインドに導いてあげる**ことで解決します。

例えば、「昨日覚えた『〇』って漢字、空中で1回書いてみて」と言ってできたらＯＫ。そんな程度でしたら、子どもも「疲れたから無理」とは言わないでしょう。

学校の宿題に縛られると、子どもも勉強することに腰が重くなってしまいますが、私はこういうやり方でも十分だと思っています（学校の宿題についての考え方や対処法は第4章の177ページでも紹介しています）。

ムチ（勉強）→アメ（遊び）の順で

また、第1章でもお伝えしましたが、お楽しみは勉強のあとというのが鉄則です。

例えば、いったんゲームを始めたら、少しでも引き延ばしたくなるのは目に見えています。なかなかゲームを切り上げられずにいる子どもに、親はイライラするでしょう。

ですから、勉強においては、親御さんがある程度徹底して、「ムチ→アメ（＝勉強が終わったら遊んでいいよ）」のルールを子どもに根づかせるようにしましょう。

04

QUESTION

せっかく用意した漢字ドリルをなかなか終わらせてくれません

ANSWER

勉強の目的は、「終わらせること」ではなく「覚えること」

「覚える」ことが定着しているかを目的に

勉強の目的は「終わらせる」ことではなく、「覚えること」です。もっと言うと覚えたことが定着しているかが大事です。「そんなの、当たり前でしょ?」と思いますか。でも、意外と「終わらせること」「こなすこと」自体が勉強の目的になってしまっているご家庭が少なくありません。

勉強の目的が「覚える」になると、そのためにはどんな方法を選択してもいいわけです。**見るだけで覚えられるならそれでいいですし、空書きで覚えられるなら、別に紙に書かなくてもいい**のです。子どもは基本的に早く終わらせて遊びに行きたいので、どうやったらラクして覚えられるか、効率的な方法を考えます。

親御さんはどういうやり方でも「覚えればＯＫ」とし、子どもがちゃんと覚えたかをチェックしてあげましょう。

私は子どもの頃、勉強があまり好きじゃなかったのですが、テストでいい点を取りたいという気持ちはありました。そこで、「じゃあ、どうやったらラクして早く覚えられるのか？」ということをずっと考えていました。そして、大人になった今、ラクして効率よく覚えるやり方を子どもたちに伝えています。

小学生はクイズで繰り返し覚える

そうはいっても、新しいことを「覚える」ことはなかなか難しいですよね。やった途端にでも忘れてしまうのが子どもですし、私たち大人だってどんどん昔のことを忘れていきます。

記憶には長期記憶と短期記憶というのがあって、テストで成果を出すためには、短期記憶で覚えたものをどれだけ長期記憶として蓄えられるかが重要になってきます。

では、どうやって短期記憶を長期記憶にするのか？

一番シンプルな方法は「反復」です。私が学生時代に実践していたのは、生活の中で何度も思い出す「反復」方法です。

例えば、今日英単語を5個覚えたとします。でも、これはまだ短期記憶ですから、明日の朝には覚えているものもあれば忘れているものもあるでしょう。これを長期記憶にもっていくために、生活の中で何度も思い出します。例えば、テレビを見ていてCMになったら少し前に覚えた英単語を思い出す。トイレに行ったら思い出す。お風呂に入ったときに思い出す。歯を磨きながら思い出す……というふうに生活の中で何度も意識的に「思い出し」を繰り返します。

「ただ思い出しているだけ」と言われそうですが、これも立派な勉強です。自分がやったことを確実に記憶しようと頭の中で訓練しているわけですから。

ただし、これができるのは中学生や高校生以降で、小学生にはちょっと難しいと思います。**小学生がやるとしたら、親御さんがクイズにして生活の中でちょこちょこ出してあげるといいと思います。**

例えば、一緒にお風呂に入りながら今日の宿題の内容をクイズで出したり、朝ごはんを食べながら昨日の宿題の範囲からクイズを出したり……。わが家でも、クイズで問題を出すことを日常的にやっています。

小学生は気楽な「分割勉強法」で

「明日大事なテストがあるから、今日はちょっと勉強量を増やさなければ」というような日は、分割勉強法をおすすめしています。

分割勉強法とは、勉強時間をいくつかに分けてやる方法です。例えば、20分程度かかる勉強を2つに分けて、帰宅してすぐに1回目で10分、晩ごはんの前に2回目で残りの10分をやるという感じです。

ただ、正直、このやり方は小学生にはちょっと負担があるかもしれません。2回に分けると、だいたいの子が後半の勉強をイヤがってしまいがちです。

私の家庭学習の基本的な考えとしては、「やることをやったら遊んでいいよ」というスタンスですが、それが2回あると、やることをやって遊んだあとにまた勉強が待っていることになるので、2回目の勉強がおっくうになってしまうのです。

小学生の場合は、**1回目が座学だったら2回目は座学にせず親御さんが口頭でクイズにして出してあげる**など、少し気楽なやり方に変えてあげることをおすすめします。

05

QUESTION

だんだん勉強が難しくなってやる気が削がれているようです

ANSWER

やる気は「できた！」のあとに湧いてきます

知的好奇心を育てるには？

子どもが大きくなって、勉強が難しくなってくると、「なんでこんなことをやらなければいけないんだろう？」と壁にぶつかることがあります。そこでバカバカしくなって勉強をやめるのか、それでもがんばるのか？　それを分けるのは好奇心です。

知的好奇心の強い子は、自分で知りたい情報をつかんでそれを自分の中に吸収するおもしろさがわかっているので、何事においても強いです。そのベクトルを学習にうまく向けてあげれば、学習においても必ず伸びます。

私は、親の大事な役割のひとつは、好奇心を育てることだと思っています。その土台を作る上で重要になってくるのが、幼少期の過ごし方です。小さい頃から何か新しいことができるようになって、親にほめられるという経験を積み重ねることでその土台は育ちます。

わが家では、息子たちが小さな頃から、ゲーム感覚で遊べる学びをよく取り入れていました。例えば、子どもの好きなおもちゃを使って、**「〇〇がプラレールを2個持ってるよ。パパも1個持ってるとすると……全部で何個ある？」**などのような簡単な計算です。

少しずつ難易度を上げていくと、息子も新しい計算ができるようになるので楽しくなり、さらに私にもすごくほめられるので、「もっと！　もっと！」とどんどんがんばってくれました。

「新しいことができるって楽しい！」「もっとパパとママにほめてもらいたい！」――子どもたちのそんな気持ちが、好奇心の土台になるのだと思います。

「できた」のあとに「好奇心」が湧いてくる

好奇心は大きな武器になるので、多くの親御さんは子どもに「何事にも好奇心をもってほしい」と着目しがちです。ですが、必ずしも「好奇心が先にありき」とは限りません。

どういうことかというと、親御さんの多くは、「好奇心→チャレンジ→できた！」というパターンを思い描きます。でも実際には、「できた！→好奇心→チャレンジ」というパターンのほうが多いです。「できた」から好奇心が湧くのです。

勉強においても同じで、「興味があるから勉強をがんばる」ではなくて、**「勉強ができるようになったから興味が湧く」**という子のほうが多いです。

例えば、小学生で習う分数同士の割り算では、下記のようにルールとしてうしろの分数を逆数にしてかけ算して計算しますよね。

ここ、「どうしてわり算のときは逆にするの？」と疑問に思うところですが、でも、塾講師時代に授業で教えても、「なんでわり算だとひっくり返すの？」と質問してくる子はほとんどいません。それよりも、分数同士のわり算が解けるようになってから、「……そういえば、なんでわり算のときは分子と分母をひっくり返すんだろう？」と疑問が出てくる子のほうがほとんどです。

興味というのはすごく大事で、私は勉強において、まずは**子どもたちに興味のきっかけをもたせることをすごく大事に**しています。

そして、そのきっかけを得られるのは、**テストで問題が解けたり、**

（例）

$$\frac{2}{3} \div \frac{4}{5} \Rightarrow \frac{2}{3} \times \frac{5}{4}$$

勉強で親にほめられたりした瞬間なのです。

授業動画も「なぜそうなるか？」は解説していない

私の授業動画も、視聴してくれた子どもたちに「この動画で勉強したことがテストに出てきてできた！」という成功体験を積んでもらうことを第一の目的としています。

当初想定した視聴者は、私が個別塾で出会ったような生徒たち――**学校の授業につまずいている子や勉強があまり好きでない子たち**でした。

そういう子に**何より必要なのは、「解けた！」という成功体験**です。また、子どもが授業動画に集中できる時間も考えると、時間はできるだけ短いほうがいい。そこで、私の授業動画では、「なぜそうなるのか？」という概念形成の説明部分は全部カットすることにしたのです（今でもときどき、概念部分の説明がない点についてお叱りを受けます）。

でも、私は、勉強が苦手な子たちが成功体験を得ることを一番大事にしているので、なんと言われようとも自信をもってやっています。

06

QUESTION

「なぜ？」「どうして？」と疑問や好奇心をもってくれません

ANSWER

好奇心や探究心がなくても気にする必要はありません

好奇心旺盛タイプの子は、実は10％もいない

好奇心は大事ですが、親御さんがいろいろ働きかけても、物事に対して興味が薄めな子もいると思います。

子どもに好奇心や探究心が旺盛かどうかは、正直、私はあまり気にしなくていいと思っています。もともと好奇心旺盛な子もいればそうでない子もいます。それはもう、いろんな性格のお子さんがいますから。

例えば、万有引力を発見したアイザック・ニュートンは「リンゴが落ちるのはなぜか？」と疑問に感じたといわれていますが、「えっ、だって落ちるものじゃん？　仕方なくない？」

と思う子のほうが多いのではないでしょうか。

塾講師時代の経験からも、好奇心旺盛タイプな子は実は10%もいなくて、圧倒的に好奇心薄めな子のほうが多かったです。ちなみに、私も「リンゴは落ちるものじゃん」と思うタイプです。

最近の子育ての風潮として、「好奇心が旺盛な子はすばらしい」とか「子どもの探究心を育てよう」という流れがあるので、わが子がそういうタイプではないと不安を感じてしまう親御さんもいるのかもしれません。でも、これは親の受け止め方の問題で、むしろ好奇心や探究心が薄くても、その特性が強みになることだってあるのです。

「好奇心や探究心が薄いうちの子は、能力が劣っているの⁉」などという心配はご無用です。

では次に、**好奇心や探究心の強弱によって、大まかに2つのタイプ**を紹介しましょう。

その子なりのよさを伸ばしてあげよう

まずは**好奇心や探究心が強い子**です。こういうタイプの子は物事に納得したときの吸収力が高くて、一度習得した知識はほぼ抜けないという強みがあります。一方で、学ぶペースが遅いという弱みもあります。1回1回納得するまで立ち止まって「なぜ？」「どうして？」と追究してしまうので、前に進むのに時間がかかることがあります。

逆に、**あまり物事に疑問をもたないタイプの子**は、素直なので飲み込みのペースが早く、どんどん習得して次のことに進めます。スピードや瞬発力に秀でていると思います。だから、私だったら、無理やり好奇心を引き出そうとするより、吸収の早さという強みをどんどん育ててあげたいですね。

ただし、弱点もあって、それは知識が抜けやすいということです。スポンジをイメージしてもらうとわかりやすいのですが、こういう子たちはスポンジのようにぐいぐい吸収する分、すぐに抜けてしまいがちです。知識の定着がゆるいのです。ですから、覚えたことを反復するなどして、知識を確実に定着させるための工夫が必要です。

こういうタイプの子はある程度自分ができるという自覚もあるので反復をイヤがるのですが、そこは親御さんの腕の見せどころ。

「どんな人だって復習しないと忘れるものだから。面倒くさいから1回の復習で完璧に覚えちゃおう！」

「じゃあクイズでラクして復習しよう」

というふうに、「1回だけ」とか「ラクして」という方向にもっていってあげると聞き入れてくれやすいと思います。

子どもは本当に十人十色

世の中には、たくさんの子育て成功事例があふれています。親御さんの中にはいろいろな成功エッセンスを集めて、すべてを子どもに投入しようとする方もいます。でも必ずしもわが子に当てはまるとは限りません。

塾講師時代に痛感したことですが、子どもは本当に十人十色です。同じ子はひとりとしていません。**みな、その子なりのよさと学び方がある**ものです。

でも、親御さんにしてみると「うちの子に合った学び方って何？」と思うかもしれません。この本では、多くのお子さんが自分から勉強しだす方法を提案していけたら、と思います。そのヒントをお伝えできたらうれしいです。

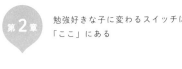

07

QUESTION

私がほめても子どものリアクションが薄いです

ANSWER

子どもにとって、親のほめに勝るものはありません

子どもにとって親の影響力は絶大

私が塾講師時代に担当していた子たちの中には、お母さんに対して「クソババア」と連発するような反抗期真っ盛りのヤンチャな子たちがいました。でも、そんな憎まれ口をききながらも、その子たちは親御さんの顔色の変化や言動をすごくよく見て覚えていて、驚かされました。

子どもにとって親の影響力は絶大で、親御さんの影響力に比べたら一塾講師の力なんてまったく及ばないということを、当時の私は思い知らされました。

そんな子どもたちにとって、親のほめに勝る喜びはありません。ですから、親御さんには、どんなささいなことでも子どもをほめてほしいと、心から思っています。

「点」でなく「線」でほめよう

私が子どもをほめるときに心がけているのは、「点」ではなく「線」でほめるということです。例えば、子どもが何かをやったときに、「すごいね」と今できたことをほめるのは「点」でほめることです。一方で、

「この前、この問題できなかったのに今度はできたね！　すごいよ！」

とほめるのは、過去と今を「線」でつないでほめることです。

この「線」でほめるということを意識すると、3つのよいことがあります。

1つめは、子ども自身が**「前にできなかったことができるようになった」**と成長を実感できること。2つめは、子どもが**「お母さんは以前のこともちゃんと覚えていてくれる」**という安心と信頼を感じられること。3つめは、親御さんからの**「いつも見守っているよ」というメッセージ**を子どもに伝えられることです。

子どもは、親が思っている以上に、「親に自分を見ていてほしい」と思っています。それを勉強のフィールドで示してあげるには、「線」でほめるのが一番伝わります。

例えば、テストで100点を取ってきたときなど、「100点すごいね！」ももちろんいいのですが、ここでもうひとつ加えて、テストの中身を見て、もし前できなかった問題ができていたりしたら、そこで「線」でほめてあげてください。こういった小さな一言の積み重ねが子どものやる気を育てていきます。

あとで**しみじみと「あの100点はやっぱりすごかったね〜」と、二度ほめるのもおすすめ**です。普通の会話の流れでほめられるほうが、子どものテンションは上がります。

丸つけは、ほめのチャンスが満載

小学生のうちは、勉強の後の丸つけは、できれば親御さんがしたほうがいいと思います。なぜなら、丸つけはほめどころが満載ですから。さらに、そこからたくさんのコミュニケーションが生まれるので、子どもが学習を継続するよいモチベーションになるのです。

特に、私は、子どもの宿題やテストなどの成果物を見たいタイプです。なぜかというと、普段の生活では子どもをほめるチャンスを見逃しがちなのですが、勉強というフィールドはほめどころが満載だからです。

丸つけして「全問正解で花丸！」というのでもいいのですが、

「この字、とてもきれいに書けたね」
「この問題、前はできなかったのに、できるようになったね！」

などと言って、できた部分に特別に花丸をつけるだけでも、子どもはとても喜んでくれます。そういう顔が見たくて、進んで丸つけをする自分がいますね。絶対チェックしたいと思ってしまいます。

ほかにも、子どものクセやケアレスミスの傾向がわかったり、文字の乱れから「学校で何かあったのかな？」などと気づく材料になったりするので、いろいろな意味で、丸つけはチャンスだと思っています。

ちなみに、丸つけは必ず勉強が終わった直後にすること。例えば、「計算ドリルが終わったタイミングでごはんができた。丸つけはごはんを食べたあとにしよう」などと勉強と丸つけの間に時間を置くのはＮＧです。

全部正解しているならそれでもいいのですが、間違った場合は、見直しに時間をはさむと子どもは自分の解いた過程を忘れてしまうので、フィードバックが役に立たなくなってしまうのです。**勉強と丸つけとフィードバックは時間をあけずセット**にしてください。

08

QUESTION

ほめるつもりでいるのに叱るほうが多くなってしまいます

ANSWER

ほめと叱りの比率は9：1くらいが理想的です

いざというときに、ちゃんと叱りが届くように

普段から子どもを適切にほめるのは、叱りをしっかり届けるという目的もあります。

ほめと叱りの比率は9：1くらいが理想的で、大事なのは、ほめの割合を多くすること。誰だって、ほめてくれる人の言うことなら聞き入れやすくなります。親子間でも、同様です。普段からのほめる姿勢が、いざ子どもを叱らなければならないときに、生かされるのです。

逆に、普段から叱る割合が多いと、適切な関係が作れなくなってしまうので、いざというときに子どもを叱っても届かなくなってしまいます。子どもも叱られることに慣れてしまい、いくら叱っても「はいはい」と聞き流されてしまうおそれがあります。

ほめのNGパターンは？

ほめに関して、ひとつだけ気をつけなければならないことをお伝えしましょう。

それは、**過度なほめやタイミングを間違ったほめは逆効果になる**ということです。これは特に、子どもが小さい頃にやりがちなのですが、あまりにささいなことで過剰にほめてしまうと、子どもは「こんなことでほめられるの？」と思ってしまい、ほめの価値が下がります。そうなると、ほめるという最強の武器を効果的に活用しづらくなってしまいます。

子どもは親の本心に敏感です。親がそうとは思っていないのに子どもをほめても、子どもは本心ではないことに気づいています。思っていないなら、むしろ口に出さないほうがいいでしょう。

ほかには、**誰かと比べたり何かと区別したりするほめ方もNG**です。

例えば、「○○はお兄ちゃんと違って勉強をがんばってえらいね」などときょうだいと比べたり、「お前は塾の最上位クラスにいるからえらいんだぞ」というふうに何かと区別してほめること。こういうほめ方をすると、子どものモチベーションが、本来の勉強の目的からズレて、誰かと比較すること、優劣の競争になってしまうのでおすすめできません。

ほめるのが苦手だという親御さんへ伝えたいこと

「でも、わが子のほめどころがわからない」「私はほめるのが苦手だから……」と不安に思っている親御さんもいるかもしれません。私は塾講師時代も、親御さんから「子どもをどうやってほめたらいいかわからない」と相談を受けることがありました。そのときに、お伝えしていたのは、次のようなアドバイスです。

自分のお子さんを他人のお子さんだと思ってみてください。他人のお子さんだったらほめどころが思いつきますか？

わが子を他人の子として客観的に見た瞬間に、ほめどころが見つかる方は意外と多かった印象があります。わが子に対しては、距離が近すぎてほめどころに気づきにくかったり、ほめのハードルが上がりがちです。私も、息子たちよりほかのお子さんや生徒のほうがほめやすいですから。

どんな子にもほめどころは必ずある！

塾講師になったばかりの頃、ヤンチャな男子中学生の担当になったことがありました。

彼は、口も悪いし態度も悪いので、学校の先生たちから愛想を尽かされていた子です。でも私は、この子をほめたくて、ほめどころをずっと探していました。

あるときその子にハサミを貸したら、返すときにちゃんとハサミの持ち手部分を私に向けて返してくれたんです。これって普通のことと思われるかもしれませんが、意外と大人でもできてないことがあります。このチャンスに、私はすかさずほめました。

「おお、えらいな！　ハサミの持ち手側を向けて渡せるなんて」

そのとき、ヤンキーくんは「は？　フツーだし？」みたいなそっけない態度だったのですが、その後、1年くらい担当して仲よくなった頃に、こんなふうに話してくれました。

「先生、ハサミを返したとき、ほめてくれたじゃん？　あれ、意外とうれしかったんだよね。オレ、すげー覚えてるよ」

すべてのほめが伝わるわけではありません。それでも大人が思っている以上に、**子どもに「届くほめ」がある**ことは知っていてほしいです。

ささいなことへのほめでも、「私がやってきたことは間違ってなかったな」と思えた瞬間です。彼の言葉は、あれから数年経った今でも、私の中ではすごくうれしい思い出として残っています。

09

QUESTION

子どもを叱ってもちゃんと聞いてくれません

ANSWER

叱るときのポイントを3つ押さえておきましょう

なんのために叱るのか？

「なんのために叱るのか？」と言ったら、すべては子どもの成長のためです。ときどき、親御さんの余裕がなくなると、「叱る」と「怒る」がごっちゃになってしまうことがあるのですが、ここはきっちり分ける必要があります。

私は、**「叱る」と「怒る」の違いは、感情的になっているかどうか**だと思っています。「怒る」は自分のイライラを感情的に相手にぶつけることですが、「叱る」は冷静に相手のことを考えて注意すること。自分のストレスを発散するためではありません。

子どもを叱らなければならないときは、**「自分のイライラをぶつけようとしているわけではないよな？」**と自問すると、冷静になれるきっかけとなるでしょう。

叱咤激励という言葉がありますが、叱咤も激励も、すべては子どもの成長のためです。

ポイント1 時間はパッと短く

子どもを叱咤する効果を確実に届けるためのポイントは3つあります。

1つめは「時間はパッと短く」です。短く済ませるほど、何がいけなかったのかが子どもの中で印象に残ります。

私は、息子がケンカで手を出したり、人をバカにするような言動をしたときなどはガツンと叱ります。

たぶんはたから見たら、それ相応の雷を落としますが、子ども自身が叱られた理由をわかって、「ごめんなさい」ができて、相手が許してくれたら、すぐにそこで完結させます。**その後は「よし、じゃあ遊ぼうか！」とすぐに通常モードに**切り替えます。この切り替えぶりに驚かれることもありますが、私は切り替えが重要だと思っています。

逆をいえば、叱りは長くなればなるほど効かなくなります。最初は子どもも聞いているのですが、くどくどと説教が長くなると、子どもの頭の中は「もうわかったのに～。あ～あ、この嫌な時間が早く終わんないかな……」になって、なぜ怒られたのかと反省する気持ちが薄まってしまうのです。そして説教が終わった途端、「よっしゃー！　やっと終わった！　部屋にこもってゲームしよう！」となり、なぜ怒られたのかという印象が残らず、終わってしまいます。

ポイント2　過去の怒りの引き出しは開けない

2つめのポイントは、「過去のことを引っ張り出さない」です。

怒りが爆発したときには、**「あのときも……、前にも……」と過去の怒りの引き出しを次々と開けたくなるのですが、そこはグッとがまん**します。子どもの〝今〟の言動のみに限定して、過去のことはもち出さないことです。

なぜなら、子どもはもうそんな昔のことはとっくに忘れてしまっているのです。

「え？　何？　そんなこともあったかもしれないけど……なんで今さら⁉」という感じで、いくら叱られても響きません。結局、今一番伝えたい叱りもちゃんと届かず、言ったこと全体がぼけてしまうのです。

ポイント③ 筋を通す

3つめのポイントは、「筋を通す」です。

例えば、塾で授業中に携帯をいじっていて叱られなかったとします。そして、ある日また同じことをしたのに、今度は叱られたとしたら、これは筋が通っていません。

「なんで前は叱られなかったのに、今度は叱られたの？」と、これでは子どもも混乱してしまいます。

叱りの基準（ルール）を、人はそのときの気分で変えてしまいがちですが、これを親が続けると、子どもは基準がわからなくなってしまいますし、親御さんへの不信感にもつながります。

親御さんは叱りのルールを決めたら、「ダメなものはダメ」と毎回筋を通すこと。それが夫婦間などで統一されているとなおいいです。

目線は大きな武器

また、叱るときに大きな武器になるのは、「目線」です。

基本的に、人は上からの目線で言われるときつい印象をもち、のぞきこまれるような目線で言われるとそこまで強い印象はもちません。

なので、強い叱り口調で目線も上からとなると、かなり高圧的です。口調も目線もプラス・プラスで強すぎます。強い叱りを冷静に相手に届けたいなら、目線は下げて、子どもと同じ位置になったほうが伝わりやすいでしょう。

逆に、軽い叱りは上からの目線で伝えても大丈夫でしょう。

なお、叱るときにスマホの画面を見ながら、子どもの目は見ずに叱っている親御さんがいますが、それでは叱りの意味がありません。

叱りもほめも伝わらなければ意味がないと私は思っています。だからこそ、目線、口調、伝え方をコントロールして、子どもが受け取れる叱りをしていきたいと思いながら、私も日々、子どもに接しています。

×
そんなことしたら
だめだろ！
◎
いけない
ことなんだよ
◎
次から
気をつけてね

10

QUESTION

子どもを叱ったあとのフォローはどうすればいいのでしょう？

ANSWER

普通に過ごすことが一番のアフターフォローです

叱りにアフターフォローは必要？

叱ったあとの一番のフォローは、普通に過ごすことだと思います。親御さんが普通に接してくれれば、子どももあまり気まずさを引きずらなくて済むでしょう。

あとは、フォローの仕方はケースバイケースで、子どもがどういう表情をしているかによって、その都度対応すればいいと思います。

例えば、あまりにも凹んでいるようだったら、「もう全然怒ってないよ」ともう1回伝え直してあげることも大事ですし、逆に、叱られたことに納得いかなそうな顔をしていたら、「あんまり納得してないでしょ？」とあえて話を振って、自分の思いを伝え、子どもの言い分を聞く時間を設けるといいでしょう。

子どもの**表情に違和感を感じたら、放置はしないほうがいい**です。子どもの言い分をもう一度聞いた上で、こちらの意図も再度伝え、話し合ってお互いが感じているズレを調整しましょう。このズレを放置すると、あとあと悪い結果を招くこともあるので、私はなるべくその場ですぐに解決するようにしています。

もちろん、子どもが怒られたことを感情的に消化できず、ただムカついているだけのときもありますが、コミュニケーションをとってネガティブに働くことはないと思います。ちょっと話すことで子どもがスッキリしてくれればいいな、と個人的には思っています。

叱りは「点」で、「線」で叱るのはNG

なお、やってはいけない叱り方は、「線で叱る」ことです。

ほめの話では、「点ではなく線でほめると効果的」と話しましたが、叱りはこの逆で、「線で叱る」のはNGです。102ページの「過去の怒りの引き出しは開けない」でお話ししたように、過去の言動はもち出さないことが鉄則です。

例えば、**「前はこれができていたのに、今回はできてないじゃない？ 何やってんの？」という叱り方。これでは、子どもを傷つけてしまいます。**

もし、この叱り方があえて効果的になる場面があるしたら、それは、子どもがよくない調子の乗り方をしているときです。例えば、子どもがずっと100点を取っていて、「もうオレ、勉強する必要なくね～」とちょっと調子に乗っていて、親御さんが釘を刺さなければいけないような場面です。

「あれ？　でも、これ前はできてたのに、できてなくない？」と言って、子どものやる気を奮起させる手もあります。でも、やはりちょっと高度なワザなので、親御さんはあまり普段使いしないほうがいいかもしれません。

いろいろと叱りについてお話ししてきましたが、叱りは、相手の成長のためです。感情的にならず的確に伝えれば、子どもも「自分のことが大事だから言ってくれている」「自分のためにあえて叱ってくれた」ということに気づいてくれる確率は上がります。

叱るのは親にも相当なパワーを要します。子どもを叱っていい気分になる親なんてまずいないでしょう。だとしたら、**最小限のやり方で最大限、効率よくメッセージを伝えたいもの**です。

11

QUESTION

「バカじゃないの？」という心の声がつい口に出てしまいます

ANSWER

「バカ」は絶対言ってはいけないNGワードです

「うちの子、バカだから」

「バカ」――これは、絶対に子どもに言うべき言葉ではありません。でも、残念ながら、

「あんた、バカなんじゃないの？」

「何やってんの？　本当バカなんだから……」

「うちの子ってホント、バカだからさ～」

などと、この言葉を無意識のうちに雨のように降らす親御さんもときどきいるので、絶対にやめてほしいと思っています。

あるいは、「うちの子は親の言うことなんて全然聞いてないから大丈夫！」という親御さんもいるかもしれません。特に、反抗期真っ盛りの子の場合は、親もそう思うかもしれません。

でも、私は塾講師時代に子どもと一対一で話す機会がとても多かったので、子どもが親に言われたことをどれだけ覚えているかをよく知っています。**親御さんが忘れてしまったささいな一言でも、子どもはよく覚えている**のです。

また、「バカ」と日常的に言われた子は、「本当に自分はバカなんだ」と思い込むようになります。その思い込みは呪縛になり、子どもからあらゆる成長の可能性を奪いかねません。

「バカ」という言葉は、今日からもう親御さんの中に封印してください。

「私も勉強が苦手だったから……」

「私も勉強が苦手だったから、あんたが勉強できなくても仕方ない」――これは、学歴にコンプレックスがある親御さんが子どもに言いがちな言葉です。

塾講師時代に、子どもの前で、「ママがバカだったからしょうがないよね～」とか「ママの血が入っているからしょうがない」などと、まるでネタのように軽いノリで言う親御さんが少なくなかったのですが、その度に、私は**「これは絶対子どもに言ってはダメですよ」**と伝えていました。

もともと勉強に苦手意識がある子は、「私って勉強してもムダなんだろうな」という思い込みにとらわれ、それが成長の邪魔をしています。そこに、さらに親という一番大切な人による足を引っ張るような言葉が入ってしまうと、「あぁ、ママの子だから私もできなくても仕方ないんだ」とますます強固な思い込みになってしまいます。こうなってしまうと、もう呪縛です。この呪縛を解くのは至難のワザです。

このような言葉は子どもの成長にとって邪魔以外の何物でもないので、親御さんには絶対に使ってほしくありません。

ママ友の前で子どもを否定する

子どもに対するネガティブフレーズは、特にママ友と話しているときなどに出やすい傾向があります。子どもが一緒にいる状況で、第三者に子どものネガティブな話を暴露することは、子どもにとっては二重のダメージになります。

1つめは、**自分のネガティブなことを言われた**というダメージ。2つめは、それを**他人に暴露されプライドを傷つけられた**というダメージです。子どもはきっと、「なんでママは私の言われたくないイヤなことを、ほかのママに話しちゃうの？」とおもしろくないはずです。

ママ友社会では、子どものグチという会話が一番当たり障りのないものなのだと聞いたことはあります。誰かが子どもの悪口を振ってきたら、こちらも返さないといけない流れになったり、つい盛り上がってしまったりするのもよくわかるのですが、せめて子どもが一緒にいるときは、リアクションはせずにうまく受け流してほしいと思います。

もし、それでもママ友の前で子どものネガティブなことを言ってしまったら、あとで子どもと2人きりになったとき、こんなふうにちゃんとフォローしてあげてください。

「さっきはごめんね。会話を合わせていたら、あんなこと言っちゃったけど、本当はそんなふうに思ってないからね」

すでにもう何度も子どもの悪口を言ってしまったとしたら、過去は変えられないので、今までのことを子どもに謝り、今後はしないことです。

言葉は「諸刃の剣」です。特に、子どもにとって親御さんの言葉はすごいパワーを秘めています。そんな親御さんの一言の積み重ねで、子どもが劇的に変わっていくこともあれば、逆に、子どもの成長を縛りつける足かせになる危険性もあるのです。

QUESTION 12

親が子どもにうまく勉強を教えるコツを教えてください

ANSWER

教えることを頭の中で再現しつつ、説明は極力短く

一度頭の中でシミュレーションしてみる

親が子どもに勉強をわかりやすく教えるコツは、子どもに説明する前に、一度頭の中で自分の説明をシミュレーションすることです。例えば、「この算数の問題を教えよう」と思ったら、子どもに実際に教える前に、自分が説明しようと思っている内容や言葉を、一度頭の中で再現してみます。

さらにもうひとつのポイント。**話そうと思っていたことを半分くらいに削ります。**何を減らすべきか、何を残すべきかを明確にすると、説明がシンプルになり、結果的にわかりやすくなります。

とはいえ、「え〜、そんな台本みたいなものを作るのなんて、大変……」と思う親御さんもいるかと思います。台本はハードルが高いようでしたら、次のポイントだけは押さえておいてください。

説明は極力短く！　話が長いとポイントがぼやける

それは、「説明は極力短く」というポイントです。子どもたちに何かを説明するとき、親御さんたちは説明が長くなりがちです。大人は知識があることだと、ついいろいろなことまで派生して教えたくなってしまいます。そうすると逆に、**大事なポイントがぼやけてしまう**のです。

たいていの子どもは長い説明は嫌いなので、「お父さん（お母さん）の説明、長い～」とダレてしまいます（割と、お父さんのほうがうんちくを詰め込む傾向にあります）。結局「お父さんは、教え方が下手だなあ」という印象を植えつけて終わってしまいます。

親御さんたちはプロの先生ではないので、そこまで上手に教えることにこだわらなくてもいいと思いますが、「一度頭の中でシミュレーションする」「説明は極力短く」の2つを覚えておくとよいと思いますよ。

13

QUESTION

流行りの「リビング学習」には、どんなメリットがありますか？

ANSWER

リビング学習のメリットは「安心感」です

小学生の学習場所はリビングがベスト

私は、小学生のうちはリビングで勉強することをおすすめしています。リビング学習の一番のメリットは「安心感」です。自分はひとりで勉強しているのではなく、誰かがそばにいてくれるという安心感は、勉強する際に大きな励みとなります。

子どもからすると、親がリビングで仕事をしていたり家事をしていたりして、多少雑音があっても、それがいつもの風景なら気にならないはずです。

私は正直、「子ども部屋って必要かな？」と考えています。大きくなったらプライベート空間は必要かもしれませんが、**小学生のうちは、親の目が届くリビングがベストの学習場所**だと考えています。

親が監視役になってしまうと×

ただし、親の目が届くといっても、親が「監視役」になってはいけません。そうなると、リビング学習のメリットは一気に薄れます。**子どもが「ちゃんとやっているかどうか、ママ（パパ）にチェックされてる〜」と思った時点でアウト**です。

例えば、

「ちゃんとやってる？」

「丁寧に書きなさいよ」

「ここ、また間違えてるよ」

などとうるさく口をはさむのはNG行為です。こうなったら、当然子どもは「もうごちゃごちゃうるさいな！　自分の部屋に行ってひとりでやるからいいよ！」と逃げたくなります。

親は聞かれたこと以外答えなくてOK

リビング学習では、基本的に、親は子どもから聞かれたこと以外は答えなくていいのです。子どもがわからないときに頼れる場所にさえなっていれば、それで十分です。

子どもがリビングで勉強を始めたら、「わからないことがあったら聞いてね」とだけ声をかけて、あとは家事なり仕事なり、親御さんがいつも通りに過ごしている状態がベストです。

最近では、働き方が変わり、在宅で仕事をされる方も増えたかと思います。子どもが勉強している横で親御さんが仕事をしているというのは、子どもにとってとてもよい影響があると思います。

「普段のお父さんやお母さんと違うな」

「こうやって働いてくれているのか」

「パソコンを打つの、速くてかっこいいな」

など、子ども心にもいろいろ感じているはずです。それは、決して子どもの勉強の邪魔にはなりません。

リビングでは、**親御さんは相談場所としてのポジションだけを提供**して、いつもの行動をしていつもの風景を作ってあげてください。それが子どもにとってのリビング学習のベストの環境になりますから。

3

CHAPTER.3

座学にこだわらなくても、生活の中に勉強のタネはたくさん！

QUESTION 01

勉強量は少なくていいと聞いても長く勉強していると安心します

ANSWER

勉強は座学にこだわらなくていい！

親の不安を押しつけない

親御さんが子どもの勉強に不安や焦りを感じて余裕がなくなると、勉強の目的を忘れがちです。子どもが新しいことを覚えて成長するという本来の目的から、子どもが勉強している姿を見て安心したいという親のエゴにズレてしまうことも……。

塾講師時代、私は、親の不安を解消させるために、子どもに大量の座学を強いてしまった家庭をたくさん見てきました。そのほとんどの子が勉強嫌いになり、学ぶ気力を失っていました。そうなると、もう一度、子どもの意欲を引き上げるのは難しくなってしまいます。

ですから、私の方針としては、子どもの負担になる座学をできるだけ削りたいのです。

特に、就学前は座学なんてまったく必要なし。小学生になってからも学年や科目によっては座学なしで問題なく学べると思っています。

もちろん、座学が好きな子はそれを変える必要はありません。また、中学受験などを考えれば、それ相応の座学も必要です。それでも、通常の小学校の授業についていくためなら、学びを絡めたゲームや遊びだけでも、知識の習得につなげられるものもあります。

小さい頃から新しいことを知る喜びを

学びを取り入れたゲームやクイズなどの遊び（第2章の81ページ）は、子どもが小さい頃からどんどんやらせましょう。できなかったことができるようになる達成感や、親からほめられる経験を積むことは大事です。それによって、子どもの知的好奇心の育ち方も変わってきますから。

そういう経験をしてきた子は、小学校の授業で自分にとってわからないことに出合っても、「ちゃんとやればできるようになるんだ」という心の土壌が育っているのでくじけません（小学校に上がる前の幼児期は、すごく大事だなと思います）。

でも、小学生になってからでも中学生でも、「やればできる」という心の土壌は育ちます。遅すぎることはないので安心してくださいね！

02

QUESTION

算数に興味をもってもらうのにいい手はありませんか？

ANSWER

好きなものを題材に、少しずつ学習の「階段」を上らせましょう

少しずつ階段を上らせる

私は、息子たちに数字に強くなってほしいという思いがあったので、小さな頃からよくお風呂に入っているときなどに数字を使ったゲームをして遊んでいました。

例えば、プラレールが大好きな長男には、4歳当時、プラレールを使ってたし算のクイズをよく出していました。次男はチョコレートが大好きなので、チョコを使ってのたし算クイズです。

ドリルや教科書には、りんごやみかんの例が多いのですが、やはり**子どもたちの好きなものを使ったほうが食いつきはいい**んですよね。

子どもが数遊びに慣れてきたら、ちょっとずつ階段を上らせてあげます。

たし算の場合は、やり方としては、まずは「1＋2」「2＋3」……というふうに小さい数から始めて、**答えが10までの数に収まるたし算**を繰り返します。10までのたし算は指を使って数えられるので、小さな子にもあまり難しくないと思います。

それがしっかり身についたら、次は繰り上がりにチャレンジしてみましょう。繰り上がりは、子どもの頭の中に「10のかたまりを1つ作って、残ったのは何個？」というイメージを作ることが大事なので、まずは「8＋2」「7＋3」「6＋4」など答えが10になるものを選んで、子どもの頭の中で10のかたまりをしっかり作れるようにします。

そして、だんだんと「9＋2」や「8＋3」のように、答えが11とか12など10と「ちょっと」になるものを選んで、問題を出します。そこから答えを13、14、15……と上げていき、**最終的に「9＋9」といった大きい数字までステップアップ**していきます。

そのほか、口頭で文章題を出すこともできます。

「○○は今、プラレールを2つ持っていて、パパは3つ持っていて、ママは5つ持っているよ。全部でいくつ？」

というように登場人物を増やして3つのたし算に増やしたり、

「○○が5つ持っていたプラレールをパパに2つくれたとするよ。○○は今いくつ持っている?」

などとちょっと問題の角度を変えてひき算のクイズを混ぜていくのもおすすめです。小さな数から始めれば、子どもはひき算と意識しなくても答えられると思います。

レベルアップするときの声かけの仕方

例えば、10までのたし算は完璧で「もう簡単だよ!」と得意げな態度になってきたら、「ちょっと難しい問題出しちゃっていい?」と本人に確認をして、10を超える大きい数字が答えの問題を出してみます。こうして意図的にちょっと難しい問題を出して、「くやしい!できなかった」という経験をさせるとよい刺激になり、飽きにくくなります。

ただし、つまずかせるタイミングは注意してください。例えば、まだ繰り上がりを始めたばかりなのに、いきなり「9+9」のような大きな数の問題を出してつまずかせてしまうと、子どもは「つまんない。もうやらない」とへそを曲げてしまうこともあります。

かけ算はたし算の派生

この数遊びは、かけ算にも発展できます。かけ算はもともとたし算からの派生で、例えば、「8×9」は8を9個足しているわけです。

3つの数のたし算の中に、わざと「〇〇が3つ、パパが3つ、ママも3つ、みんな同じ数のプラレールを持っているよ。全部でいくつ？」と同じ数を使った3つのたし算を出してみてください。すると、子どもは全部の数を足して「9」と答えると思います。そこで、「これって、実は『3×3』と同じなんだよ。これがかけ算なんだよ」と教えます。

数字が大きくなって、「8×9」などになると、8を9回も足すのは難しくなるわけです。そこで、**「8を9個足すのって面倒くさくない？　これ、九九を覚えていると『8×9＝72』と一発で答えがわかるんだよ。ラクじゃない？」**という感じに導いてみてください。

うちの長男は素直だったので「たしかに！」とすごく納得していました。こんなふうに遊ぶうちに小学校入学前には、かけ算の九九を半分くらいは暗記していました。

もし、お子さんがかけ算九九の暗記に苦戦していたら、こんなふうに「九九を覚えたらラクできそう！」というプラスのイメージに変えてあげるのも手かもしれません。

03

QUESTION

計算スピードが遅いのはどうしたらいいですか？

ANSWER

「スピードクイズ」で遊びながら計算が速くなります

たし算とひき算が学べる「スピードクイズ」

数遊びのひとつとして、わが家では、「スピードクイズ」と名づけた遊びもよくしています。やり方は次ページをご覧ください（私のYouTubeチャンネルで「どんな風に子どもに勉強教えてるの？」という回でも紹介しています）。

この遊びでは、たし算だけでなく、ひき算の概念も一緒に学べます。

例えば、「7」と「3」の数字カードを提示して、子どもが「10」と答えたら、今度は「10」から「3」の数字カードを1枚抜きます。これは、式でいうと「10－7」のひき算をしています。繰り上がりや繰り下がりさえなければ、子どもたちは割とスムーズにできると思います。

「スピードクイズ」のやり方

❶1～10までの数字のカードを作ります
❷子どもに「この数字とこの数字、合わせるといくつ？」と聞きながら2枚の数字カードを提示する。スピードクイズなので、リズムよく「パン、パン」と出しましょう
❸答えの数字を子どもに答えてもらいます。速く答えるほど○

遊びのコツは、「パンパン！」と勢いよく質問カード2枚を提示し、子どもから「10！」などと答えを素早く提示してもらうこと。「質問→答え」という流れを、テンポよくリズミカルに繰り返していくのです。

うちの長男は「どれだけ速くできる？」と問いか

けると、火がつくタイプなので、そこをうまく利用しました。

わが家では私の仕事柄、ホワイトボードがあるので、そこにマグネット付きの数字カードを貼って遊んでいましたが、トランプのように机の上や床でやってもいいと思います。白いマグネットシートは100円ショップで売っています。ハサミでカットして、マジックで数字を書けばカードの出来上がりです。もちろん、家にある厚紙や何かの裏紙で作ってもけっこうです。


スピードクイズをやっていると、子どもが出題者になろうとすることがあります。「次は僕が問題を作るから、パパがやってよ！」という感じです。そうなったらとてもいい傾向です。なぜなら、子どもが出題者役をやりたがるのは、このゲームに乗っている証拠ですから。ぜひ親のほうから「ママ（パパ）にも出してよ」と話を振ってみてください。

あとは、122ページで説明したように、子どもの興味を削がないよう、問題を少しずつレベルアップして、上手に学びの階段を上らせてあげましょう。

Haichi's Column 1

ひらがなや漢字も好きなことを題材に

わが家では、ひらがなも子どもが好きなことを題材に教えました。

５歳の下の子は、食べるのが大好きなので、毎日、保育園の給食をとても楽しみにしています。だから、保育園の給食が何かを知りたいのですが、献立のひらがなが読めないので、「パパ、今日の給食はなあに？」と毎朝、聞いてくるのです。そこで、一緒に献立表を見ながら、

「『とりのてりやき』って書いてあるね。ほら、ここに『と』と『り』って書いてあるよ」

と一緒に読むことで、文字に興味を持つようになっていきました。

文字を知るメリットを体感させる

こうすると、子どもは「ひらがながわかれば、今日の献立がわかる！」と、文字を知るメリットをはっきり理解します。その上、毎日楽しみにしている給食なので、文字を覚えるモチベーションが湧きあがります。

食いしん坊な小学生であれば、漢字の書かれた献立表で漢字を覚えることもできるでしょう。

ほかにも、ゲームが好きな子だったらゲームのキャラクターの名前から、電車好きな子だったら電車の名前から、アニメ、動物、恐竜、食べ物……など、その子が今一番興味を持っているものから、ひらがなや漢字に触れさせてあげるとハマりやすいと思います。

04

QUESTION

漢字や九九を覚えさせたくても子どもの関心がイマイチです

ANSWER

テストではなく「クイズ」と言うと子どもの印象が変わります

クイズとして問題を出す理由

細かいことですが、子どもに何か問題を出すときは、「テスト」とは言わずに「クイズ」と言うのをおすすめしています（前項の「スピードクイズ」のように）。

例えば、「漢字テスト」ではなく「漢字クイズ」というふうに伝えると、やることは一緒でも、子どもの中では印象が変わります。

親御さんも、「テスト」と言われると、プレッシャーがかかりませんか？　子どもも同じで、「テスト」と言われると試されている気がして、解けなかったら落ち込む子もいるでしょう。「できなかったらダメ」という減点方式のイメージにつながります。

でも、「クイズ」と言われると「できたら正解」という加点方式のイメージをもつようです。クイズが不正解でも傷つく子はあまりいないでしょう。**何より「クイズ」と言われるとゲーム性を感じるので、全然食いつきが違う**のです。

私は息子に問題を出すときは、いつも「クイズ」という言葉を使っています。「今から漢字のテストをするよ」とは言わないで、**「この3日間やった漢字のクイズやるから、空書きやるよ〜」**という感じで呼びかけます。

ほかに、九九の暗記も「九九クイズ」として出題していました。

私「7×8《しちは》？」

息子「56《ごじゅうろく》！」

私「8×6《はちろく》？」

息子「48《しじゅうはち》！」

そうやって、「スピードクイズ」（126ページ）のようにテンポよく答えさせます。

やっている内容は、テストと同じかもしれません。でも、こうして遊び性を取り入れたクイズにすれば、それだけで子どもにとっての負担はまったく変わってきます。

特に子どもが小さい頃は実生活の中に学びを取り入れて、自然と学習できることを、私は意識してきました。

05

学習内容をちゃんと理解していないのでは？と気になります

「先生役」をしてもらうと知識の定着具合がよくわかります

子どもとクイズを出し合いっこする関係性を作っておく

クイズは、一方的に親が子どもに出すだけではなく、子どもに出題者になってもらい、親子でクイズを出し合ってもらうことをおすすめしています（128・130ページ参照）。子どもがクイズの出題者になることは、とてもいい教育効果があります。なぜなら、自分の頭の中の知識を問題としてアウトプットするためには、頭の中を整理する必要があります。すると知識の定着率が上がります。ほかにも、問題を作るための語彙力も養えます。

まだ小さいうちは、子どもがクイズの出題者になるのは、ちょっと難しいかもしれません。その場合は、子どもが何か好きなもののことを話しているときに、

「ちょっとさ、電車（子どもの好きなもの）のことでクイズを1問出してみてよ」

という感じで聞いてみてください。たとえ、ちゃんとしたクイズ形式にならなくても、そこはあまりこだわらなくてけっこうです。小さい頃から子どもとクイズを出し合いっこする関係性を作っておくと、あとあと子どもが小学生になってからも、

「学校で勉強したことをクイズにして出してみてよ」

というような流れが自然に作れるのでおすすめしています。

クイズ出題者の究極は「先生役」

クイズの出題者の究極の形は先生役です。子どもが先生役をできるようになったら、もう完璧です。

子どもが先生役になって授業をすることは、高い教育効果があるのです。自分の頭の中にあることを相手に説明するには、きちんと、頭の中でポイントが整理されていないとできません。さらに、言葉で相手にわかりやすく教えるために表現力や順序立てて話す力も磨けます。

先生役をしている子どもが流れるようにスラスラと説明できているなら、ほぼ完璧に知識が定着しています。逆に、言葉に詰まったり話が前後したりする場合は、まだ知識の定着が甘いという証拠です。子どもに先生役をやらせるとそれに気づくこともできるので、親にとってはメリットだらけなんです（第1章の59ページで紹介）。

子どもが学校で何か新しいことを習ってきたら、ぜひ先生役になって解説してもらいましょう。子どもが先生役に慣れてきたら、親御さんはちょっと無知なふりを演じて、「○○先生、なんでココはこうなるんですか〜？」などと突っ込んでみるのもおすすめです。子どもは自分の説明力を磨くことで、さらに自分の理解を深めることができます。

子どもが好きなことの「先生」に任命する

話題のレベルを下げれば、小さい子でも先生役はできると思います。例えば、長男は小1から「マインクラフト」というゲームにハマっているのですが、私はマインクラフトが全然わからないので、「○○はパパにとってのマイクラの先生だね！」と言って、息子から教えてもらっています。もちろん、本人には自分が先生役になって説明しているまでの意識はないでしょう。でも、好きなものを語るというのは一種の授業ですから。そこが先生役のスタートでいいと思っています。

最後に、親御さんには、子どもが先生役になって教えてくれたこと（例えば、電車遊びやマインクラフトなど）を一緒にやってみることをおすすめします。

子どもながらにも、「説明してよかったな」「ママ（パパ）が興味をもってくれた」と思いたいはずです。でも、親がいつも「そうなんだ。ふう〜ん、すごいね」という相づちだけで終わらせてしまうと、そのうち、子どもは「説明してもいつも『ふうん』で終わっちゃう……」と説明する気が削がれてしまうでしょう。

先生役をやらせっ放しにしないで、**自分の説明で親が興味をもって一緒にやってくれた**——というところまで進むと、より説明する意欲が高まっていくと思います。

06

QUESTION

家にあると学習に役立つグッズを教えてください

ANSWER

アナログ時計、地図、ホワイトボードがおすすめです

アナログ時計は必須

塾講師時代から、小学校低学年のお子さんがいるご家庭に、必ずお願いしていたことがあります。それは「家にアナログ時計を置いてください」ということです。今は時刻の確認をスマホの時計で済ませているご家庭も多く、中にはそもそも時計がない家もあります。

しかし、アナログ時計には子どもの時間感覚を養いやすいというメリットがあるので、絶対にあったほうがいいと思います。

ぜひリビングの目の触れやすいところに置いてください。

なぜなら、低学年のときに「時計の読み方」や「時間と時刻」を習うのですが、デジタル時計で時間を確認してきた子にとっては、あの授業は非常につまずくことが多いのです。時刻を知るには長針と短針の複合的な読み解きが必要です。小さい頃からなんとなくでも、家の時計の文字盤を見て針の動きを知っているのといないのとでは、時計の読み方の理解度に違いが出てくるのです。

ゲームの時間設定に時計を利用

わが家では、ゲームの制限時間を利用して、時計に触れさせてきました。

長男が保育園児のときには、「ゲームの時間は1日25分」としていました。なぜ、わざわざ半端な時間にしたかというと、30分の設定にすると、時計の針がスタート地点から反対になるだけでわかりやすいのですが、25分にすると時計の針が反対になった状態から5分引かなければならなくなります。

逆に、ごほうびなどでちょっと多めにゲームしていいときには、

「今日はボーナスで35分に増やしていいよ」

と10分増やし、今度は時計の針が反対になった状態から5分足すようにさせていました。

こうして、普段の生活から自然と時間感覚を養っていくようにしていたのです。

地図はクイズのきっかけに

アナログ時計ほど必須ではないものの、日本地図や世界地図も家の中に貼っておくといいと思います。地図を貼っておくメリットは、目につきやすいところに貼って覚えるためというより、家族で地図にちなんだ会話に触れやすいことにあります。

例えば、おやつでりんごを食べながら、「このりんご、青森県でできたんだよ」などと話したときに、子どもと一緒に日本地図を見て、

「青森って、日本の上のほうにあるんだ。青森県ってりんごが有名なんだ」

という話題に触れておくと、子どもはなんとなくでも覚えて、社会科の地理的な知識の定着率が圧倒的に変わってくるでしょう。

ほかにも、ニュースを見ていて、「アメリカの大統領が……」という話が出てきたときに、

「アメリカってどこか知ってる?」

と子どもにクイズを出して、探してもらったりする場面では世界地図が使えます。

地図を貼っておけば、日常会話やクイズの延長線上で、子どもがすぐにアクセスできるというメリットがあります。

ホワイトボードの楽しさ

わが家にはホワイトボードがあり、私だけではなく、子どもたちも使っています。ホワイトボードには、子どもが殴り書きできる楽しさがあります。

紙に鉛筆で書くのは間違ったときに消しゴムできれいに消すのが面倒ですが、ホワイトボードはサーッと流れるように書けて、サッときれいに消せます。また、黒板に板書する感覚でなんだか先生になった気分がして、子ども心をくすぐるようです。

わが家の息子たちもホワイトボードに書くのが大好きです。最初は遊びながらただ落書きをしていても、突然、たし算やひき算などの式を書き始めたりもします。こうなると、座学と変わらないのですが、**机に向かって座って書くよりも、普段できない書き方ができるので楽しい**のだと思います。

なにも大きなホワイトボードでなくても、１００円ショップで売っている小さなものでも十分楽しめると思います。子どもの吸収力はすばらしいですが、とりわけ「楽しい！」と思っていることから学ぶ力は段違いです。ホワイトボードも気軽にご家庭で取り入れてみてはいかがでしょうか。

Haichi's Column 2

理科・社会は「一問一答」クイズで

理科・社会の学習は、算数（第４章で紹介）ほどには身構えなくても大丈夫です。もちろん小学生のうちにしっかり知識を習得するに越したことはないのですが、この分野の教科はあとからでも十分取り戻すことはできます。

むしろ、理科・社会は、子どもによっては、大人顔負けのものすごい知識がある子もときどきいますよね。鉄道マニアで全国のあらゆる路線や車両を知っていたり、昆虫マニアでめちゃくちゃ虫に詳しい子がいたり……。こういう子は、もう親ががっつり応援して、とことんやらせてあげましょう。路線図から派生して地図を見て都道府県を覚えてしまったり、昆虫から生物全般に興味が広がったり、子どもは自分でどんどん深掘りしていくはずです。

理科・社会はクイズでコミュニケーション

また、理科・社会は、親御さんが一問一答のクイズにしやすいので、家事の合間や遊びに出かけた際にクイズを出してあげるといいですよ。例えば、第３章（138 ページ）でも紹介しましたが、壁に日本地図を貼って、テレビを見ているときに香川県の話題が出てきたら「香川県ってどこか知ってる？」とクイズを出してみたり、散歩中に植物の芽（子葉）を見つけたら「これはなんていうか知ってる?」などとクイズにしてみます。逆に、子どもにクイズの出題者になってもらって問題を出してもらうこともおすすめです。

4

CHAPTER.4

各教科のつまずきポイントはこう回避しよう

01

QUESTION

3年生になって算数につまずかないようにしたいです

ANSWER

過去の学年に戻って、「できた！」体験を増やしてみましょう

算数は積み上げ式

算数に限らずどの教科も、学年が上がるごとに、学習内容は難しくなります。

1年生で学習のとりこぼしがあると、その分は2年生に持ち越され、2年生の勉強を理解するのに余計な時間がかかります。さらには、2年生で巻き返しができないと、次は3年生にもち越され……「できない」部分がどんどん増えていきます。

各学年でのとりこぼしが積み重なると、高学年ではそれが大きな差になります。

特に**算数は「積み上げ式教科」**と言われていて、1年生でたし算・ひき算があって、その知識の土台の上に、2年生でかけ算があって、さらにかけ算の知識があるから、3年生でわり算を理解して……と段々と積み上げていく教科です。

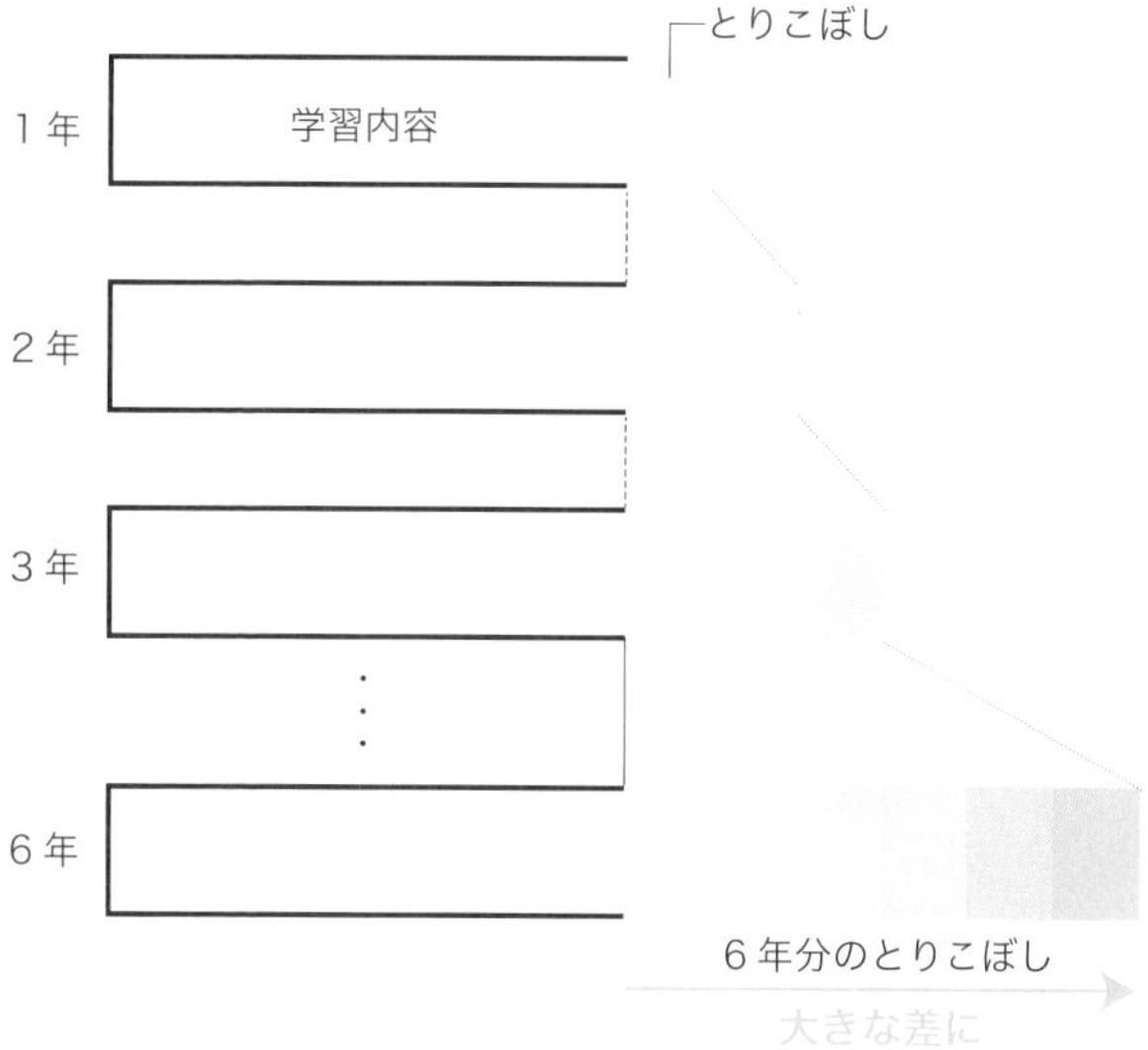

「とりこぼし」が見えづらい理由

でも、低学年のうちは「できない」ことがあっても見えづらく、気づかれにくい傾向があります。なぜなら、親や先生が「ヒント」（例：この問題「あわせていくつ？」は、たし算かな、ひき算かな？）を出すことで、子どもがなんとなく解けてしまうことがあり、実は学習したことが定着していなかった、ということもあるのです。

3年生以降に「算数嫌い」な子が増えていくのは、1、2年生のときの学習が定着していないことが原因です。低学年のうちからしっかり土台を積み上げていかないと、**「わからない」となったときに、ずいぶん前まで戻って土台から作り直さなけれ**

ばならないので、苦労します。

2年生の学習からつまずいていた4年生

塾講師時代の生徒で、4年生で新しく習った「小数÷整数」の問題ができない子がいました。でも、その子ができないのは「小数」ではなくて、実は、3年生で習った「わり算」だったということがありました。おまけに「九九」の覚えもあやしかったので、まずは九九から覚えてもらうようにしたことがあります。

まず、算数は「わからなくなったら戻る必要がある」ということを心に留めてほしいのです。何より、**戻って学習をし直すことで、子どもに「できた！」という経験をたくさん積ませて**ください。

次ページは、小学校の算数で主に習うカリキュラムです。次からは、しっかりと学習の土台を積み上げられるように、各学年の算数で子どもがつまずきやすい単元について解説していきたいと思います。

※青字がつまずきがちなポイント

「数と計算」で主に習うこと

	整数 たし算 ひき算	整数 かけ算 わり算	分数	小数	数量関係
1年	1桁のたし算・ひき算／くり上がり・くり下がり／簡単な2桁のたし算・ひき算				
2年	2桁のたし算・ひき算／くり上がり・くり下がり／簡単な3桁のたし算・ひき算	かけ算の意味／九九／簡単な2桁のかけ算	簡単な分数		簡単な表やグラフ
3年	3桁以上のたし算・ひき算	2桁以上のかけ算／わり算の意味／簡単な1桁のわり算	分数の意味・表し方／簡単な分数のたし算・ひき算	小数の意味・表し方／小数（1/10）のたし算・ひき	□を使った式
4年		3桁以上のかけ算／2桁以上のわり算	同分母分数のたし算・ひき算／真分数、仮分数、帯分数	小数のたし算・ひき算（1/10、1/100）／小数×÷整数	□△などを使った式／伴って変わる2つの数量の関係／簡単な場合についての割合
5年			異分母分数のたし算・ひき算／分数×÷整数	小数×÷小数（1/10、1/100）	簡単な比例の関係／2つの数量の関係
6年			分数×÷分数	分数・小数の混合計算	文字（x、y）を使った式／比例と反比例

QUESTION 02

1年生の1学期から算数につまずいてしまいました

ANSWER

好きなものを使っての数遊び、10のかたまり計算を試して

1年生のつまずきは「スタート地点」から

１年生のつまずきポイントは、間違いなく最初のスタート地点です。就学前に数字の概念をある程度教えているご家庭と、まったく教えていないご家庭があるので、やはりどうしても最初のスタート時点で差が出てきてしまうのですよね。

でも、だからといって、「入学前までにたし算とひき算を教えておかなければ！」なんて焦る必要はまったくありません。**「2＋3」という式は知らなくても、「2つのものと3つのものを一緒にすると5つになる」という概念さえわかっていれば、算数の授業にスッと入っていけます**から。

私が就学前の息子たちにやっていたのは、好きなものを使っての数遊び（第３章の１２

2ページで紹介）です。

数遊びは就学後でも遅くはない

前にもお話ししたように、上の子はプラレールが大好きだったのでプラレールを使って、下の子はチョコレートが大好きなのでチョコを使って、たし算の数遊びをやっていました。

就学前は、**「何と何を合わせるといくつになる？」程度の数遊び**で十分だと思います。逆に、焦って早い段階で、子どもに算数の式の計算などを強いてしまうと、算数が嫌いになってしまう可能性がありますから、注意が必要です。

「うちの子は小学校に上がってしまった。もう数遊びは遅い。どうしよう？」なんて思う方もいるかもしれません。でも就学後でも遅いということはありませんよ！

「何と何を合わせると10になる？」というところまでわかれば、繰り上がり計算の学習でほぼつまずきません。

また、1、2、3……という書き数字と実際の数を頭の中でイメージできることが算数の基礎力につながります。数遊びによって、数を頭にイメージする力をぜひ培ってみてほしいと思います。

03

子どもが「九九」を覚えられず、親の私が焦ってしまいます

全然焦らずに、2年生のうちに覚えれば大丈夫！

2年生は「九九の暗記」が難所

2年生のつまずきポイントは「九九の暗記」です。これは理解できなくてつまずくというより、子どもの心が折れて算数嫌いになりやすいのです。

というのも、ときどき九九の暗記を競争にしてしまう先生がいて……「1分以内で暗唱できたら合格」「校長先生の前で言えたら合格」などとルール化している学校もあるのです。そうなると、合格した子がどんどん抜けていく中、自分だけが取り残され、「あいつだけまだ九九のテストに合格できていないんだぜ」みたいになってしまったら、もう苦痛でしかないですよね。

九九は3年生までは使わないので焦らずに

対策としては、1年生のうちの早めの段階から、家の壁に「九九表」などを貼っておき、子どもになんとなく触れさせておくといいと思います。

「2年生で、これ全部覚えなくちゃならなくなるから、少しずつ早めにやってみる？」

などと言って、ちょっとずつ慣らしていく。ほかには、**九九をクイズ形式に**して普段の生活の中で、ちょこちょこクイズを出してあげる方法もおすすめです（130ページ）。また、YouTubeでも視聴できる**「九九の歌」**にハマるお子さんもいるようです。

でも、一番大事なのは、九九の暗記については、親御さんが焦らないことだと思います。個人的には、2年生が終わる頃までにできていれば十分だと思っています。実際に、3年生で九九の見直しやわり算がスタートするまでは、暗記した九九を使う単元はありません。

親御さんはお子さんに対して、

「ちょっとくらい覚えるのが遅くてもいいよ」
「2年生が終わるまでに覚えようか？」

くらいのゆっくりスタンスで見守っていただければうれしいです。

04

QUESTION

3、4年生でつまずきがちな算数の単元を教えてください

ANSWER

3年では「分数・小数」、4年では「割合」が嫌われ単元です

3年生は「分数・小数」

「分数・小数」は、今まであまり身近になかった数字なので、理解しにくい子もいるかもしれません。でも、ちゃんと学習のステップを踏ませてあげれば、理解できるようになりますから大丈夫です。焦らずにいきましょう。

分数・小数は、3年生の段階では分数同士の計算、小数同士の計算ができれば十分です。3年生の分数では、まだ通分（分母の数を同じにする）には入らず、分母が固定されているので、分子をたし算・ひき算すればいいだけなので難しくはありません。

同じように、小数も小数点で合わせて計算するというルールをしっかり教えてあげれば大丈夫です。今まで筆算は右揃えで書いていたのですが、そのルールが小数点で合わせる

というルールに変わることさえしっかり教えてあげれば計算は解けます。

分数・小数の概念を教えてあげるのは、計算ができるようになったあとでも十分です。

例えば、分数を生活の中で教えるとしたら、ピザやホールケーキなど丸いものを食べるときに切り分けながら、

「ケーキを4つに分けたうちの1個分、これが4分の1っていうんだよ」

と教えてあげるとわかりやすいと思います。

ちょっと欲を出すなら、ピザ1枚で「1」というのがわかったら、4年生で習う帯分数の1と4分の1（$1\frac{1}{4}$）は、

「ピザ1枚と4つに分けた1個をくっつけたのが1と4分の1なんだよ」

ということも教えてもいいかもしれません。

同じように、小数も「あるものを10個に分けた1つが0・1なんだよ」と何か実物を10個に分けるなどして実例で教えてあげるとわかりやすいでしょう。そして、「これは10分の1と一緒なんだよ」と教えてあげてください。

4年生は「割合」

4年生では、ボス級の嫌われ単元である「割合」があります。これは、小学生の嫌われ単元トップ3に入るくらいにつまずく子が多いところです。

割合とは、2つの量を比べるときに用いられる考え方で、比べられる量がもとになる量の何倍に当たるかを表した数を言います。

具体的にはこんな問題です。

Aくんは鉛筆を35本、Bくんは鉛筆を5本持っています。Aくんは Bくんの何倍の鉛筆を持っていますか?

この解答、式は35÷5=7で、答えは7倍なのですが、ここでわり算を使うというのが、子どもにはなかなかイメージしにくいようです。

割合でつまずいていたら、まずは、子どもが頭の中でもイメージできる小さい数で教えてあげるとハードルが下がります。例えば、

「パパはチョコを6個持っていて、ママは3個持っているよ。パパはママの何倍のチョコを持っている？」

というふうに子どもが自分の頭の中で数えられるレベルまでの数に下げると、なんとなく数のイメージができて「……2倍？」という答えが出てくると思います。そして、ここで子どもが考えた「2倍」という数字をどうやって導いたのか、「6÷3」という式を使って答えさせます。

割合の難しいところは、式にかけ算とわり算が混ざって出てくるところです。**「この問題はかけ算を使うのか？　それともわり算を使うのか？」がわからなくなってしまう子が多い**ので、まずは式をきちんと立てられることが非常に重要になります。

4年生の段階では、問題を1桁の小さい数にして、頭の中でしっかりイメージして自分で式を立てられるようにしてあげることが大切です。

05

QUESTION

5年生になったら算数の授業についていくのに大変そうです

ANSWER

4年の「割合」がレベルアップ、小数のわり算など難所だらけ

「割合」がさらにレベルアップ

5年生の算数は、なかなか難所が多いです。4年生までは算数がそれほど苦手でなかったお子さんでも、5年生で正解率が下がり始めたというケースは多いです。まず、4年生の「割合」がさらにレベルアップして難しくなります。具体的にはこんな問題です。

・Sサイズ容器の6倍の量がLサイズ容器の量です。Lサイズ容器が900ml（ミリリットル）のとき、Sサイズ容器は何mlですか？　↓答え150ml

・今日は、昨日図書館を利用した人の1・6倍で24人でした。昨日は何人でしたか？
↓答え15人

・2000円の3％はいくらですか？　↓60円

「割合」の公式

比べる量＝もとにする量×割合

もとにする量 $\frac{\text{比べる量}}{\text{割合}}$　　**割合** $\frac{\text{比べる量}}{\text{もとにする量}}$

・7は2の何倍ですか？　↓答え3・5倍

これ、大人でもちょっとイメージがつきにくいですよね？

つまずきを回避する方法としては、ちょっと力ワザなのですが、割合は「比べる量・もとにする量・割合」という3つの要素しか出てこないので、それを公式に当てはめると解きやすくなります。

具体的には、**割合の「比べる量・もとにする量・割合」を、速さの公式「み（道のり）・は（速さ）・じ（時間）」の図と同じように当てはめます。**こうすると、当てはめた場所によってかけ算にするか、わり算にするか式が決まるので、まずはそのパターンに当てはめ、問題を解くことに慣れることをおすすめしています。

あとは4年生のときと同じで（153ページ）、小さい数の問題で練習して、「こういうパターンのときはかけ算、こういうパターンのときはわり算を使う」という考え方が定着すると、数が大きくなってもパターンは変わらないので応用しやすくなります。

パターンに当てはめて解く方法は賛否両論ありますが、私はまず、**子どもが「問題を解けた！」という体験を重ねることを大事にしている**ので、この方法をおすすめしています。

「小数同士のわり算」

小数同士のかけ算・わり算について、かけ算のほうは小数点を打つ位置だけの問題なのでそれほど難しくないのですが、わり算のほうはちょっとやっかいです。**小数同士のわり算は、小数点の移動したあとの処理と移動する前の処理**が入ってくるので、ここでつまずく子が出てくるのです。

私はよく、**小数同士のわり算は「打ち上げ花火」の言葉を使って、「小数点を移動したあとに打ち上げてね」というルール**を教えていました。

具体的には次のような問題です。

小数点を「打ち上げ花火」にしてあげよう

(問題) 1.2ℓで2.52kgの液体があります。
この液体1ℓの重さは何kgですか。

(式) 2.52 ÷ 1.2 = 2.1

(答え) 2.1 本

答えの求め方

①「わる数」の小数点を移動する

②「わる数」の小数点を移動した同じ数だけ、「わられる数」の小数点も移動する。すると、式が「2.52÷1.2」から「25.2÷12」になる

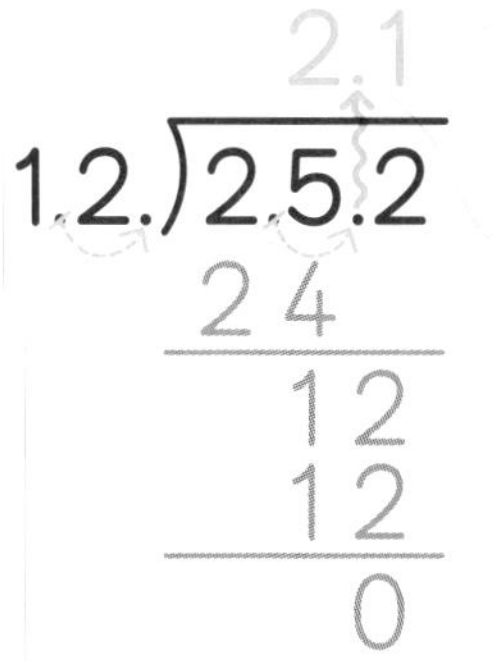

③計算すると答えは「21」が立つ

④最初に移動した小数点を戻す。小数点をそのまま答えのほう（上）に「打ち上げ花火」をすると答えは「2.1」になる

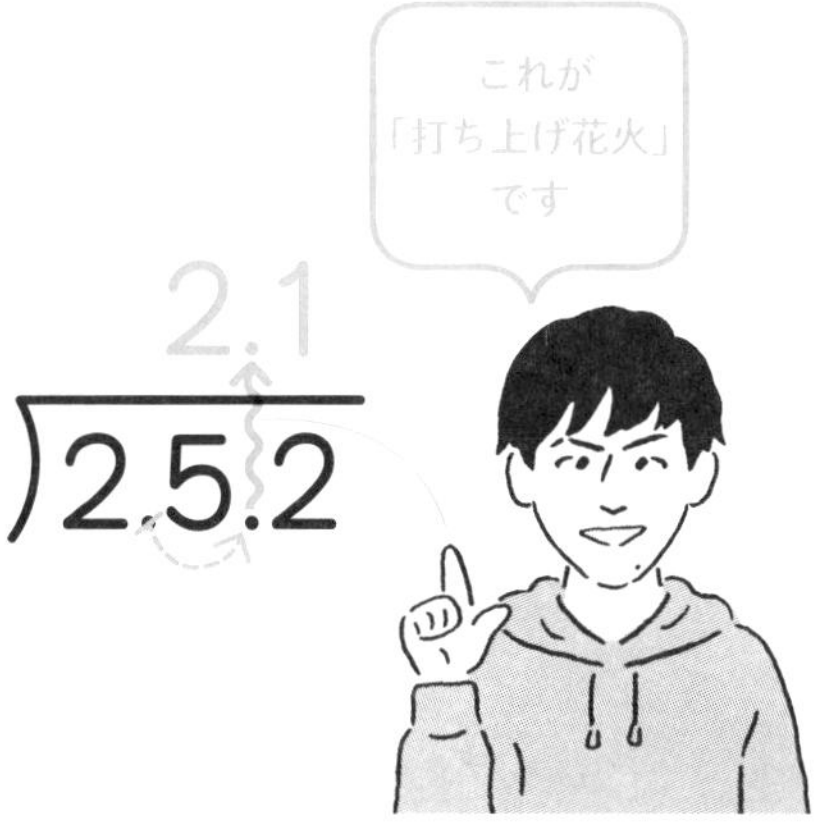

6年生のつまずきは、意外に「文字」

おまけで、6年生の算数のつまずきポイントも紹介しましょう。

それは「文字」です。どういうことかというと、今までは□でやっていたところに、「χ」「y」を使って式を立てることが始まります。今まで数字だけだったのに、いきなり文字が入ってくるので、混乱する子も出てくるのです。

つまずきを回避するには、まず□を使って式を作ってあげるのが一番です。

具体的にはこんな問題です。

1個50円のお菓子を買い、それを100円の入れ物に入れて買い物をします。50円のお菓子をいっぱい買って100円の入れ物に入れるときに、買う個数を□にして式を立てなさい。

式は「50×□+100」になるのですが、ここで「この□にはいろんな数字が入ってOK」と教えるとイメージがつきやすくなります。

例えば、会話でいうと、次のようになります。

親「じゃあ、お菓子を2個買うときは□にいくつが入る?」
子「2」
親「実は、算数には□じゃなくて、ちょっとかっこいいのがいるんだよ。それがχっていう文字なんだよ」

□のところに「χ」を代わりに書いてあげると、「50×χ+100」になります。

親「これからはχを使うんだけど、今までの□と同じだからね。いろんな数字が入るから、今まで『□が6だったらいくつ?』と聞かれていたのが、『χが6だったらいくつ?』に変わっているだけだから」
子「なんだ。□と同じなんだ」

□はずっと前の学年から出てくるので、□と同じと思えると、「x y嫌い」にはなりにくなります。

ここまで、小学生の各学年の算数のつまずきポイントを抜粋して解説しました。ほかに、本書では解説しきれなかった単元(小学3年生以降の算数)は、ぜひ私の授業動画で確認していただければうれしいです。

06

QUESTION

国語の文章問題が苦手です。何をどう教えればいいですか？

ANSWER

3行ほどの短い文章の読み取りから始めて、だんだんと増やして

文章問題のつまずきには2パターンある

私の経験では、国語の文章問題につまずく子には2パターンあります。

まずひとつは、**文章の内容が読み取れていない**というパターン。

もうひとつは、**文章の内容は読み取れているけれど、答え方が間違っている**というパターンです。

どちらのパターンでつまずいているかは、子ども自身にはわからないので、必ず親御さんが分析してあげてください。分析するには、子どもに文章を読んでもらって、そこに何が書かれているのかを聞いてみます。

できる限り短い文章で読む練習を

まず、1つめの文章の内容が読み取れていないパターンの子は、文章を読むことがひらがなの文字列を読んでいるだけの作業になっています。頭の中で、文章の情景が思い浮かぶところまで至っていないので、内容が頭に残らないのです。

対策としては、できる限り短い文章から読む練習をすること。文章量は、その子のつまずき度合いにもよりますが、**3行くらいでも十分**です。内容もできるだけ簡単にして、子どもが長い文章を嫌がったら絵本でもいいですし、正直、マンガでもいいです。

とにかく「うわ、面倒くさいー。やりたくね～」ではなく、**「まあ、このぐらいならつき合ってもいいかな」と子どもが思えるくらいまでハードルを下げる**こと。読み終わったら、「誰が出てきた?」とか「何が起こった?」などと基本的な質問をして、内容を読み取れているかを確認します（165ページでは、音読の宿題を活用して質問をするやり方を紹介しています）。

こうして短い簡単な文章から始めて、最終的には教科書レベルの文章が読み取れるようになるまでだんだんと文章量を増やしていきます。

文章題の答え方にはテクニックがある

もうひとつの、文章の意味は読み取れているけど答え方が間違っているパターンの子は、親御さんがそこに気づきさえすれば簡単に直ります。

ただし逆をいうと、子どもは自分の間違いの理由までは気づけないので、親御さんが指摘してあげないと直りません。その意味では、より親御さんの注意が必要かと思います。

確認方法としては、子どもが間違えたテストの問題を、問題文の文言通りではなく、親御さんが内容を噛み砕いて、

「こういうこと聞かれているのはわかったかな？」

と質問してみてください。そのとき、子どもが自分の言葉で答えを言えたら、ちゃんと読み取れている証拠です。

国語の文章題のテストには答え方があって、例えば、文章中の言葉を使ったり、解答欄に沿って「○○○○○から」につながる書き方をしなければならない、というルールがあります。そういった答え方のテクニック部分で落としている子も結構多いんですよね。

子どもに「苦手」という先入観を抱かせたくない

私の息子も、以前、国語のテストで70点を取ってきて、「僕、文章の問題が苦手かもしれない……」と落ち込んでいたことがありました。でも、解答内容を確認したら答え方が間違っているだけでした（説明文から「やくめ」と単語を抜き出すところ、自分の言葉で「やくわり」と書いていた）。

だから、「答え方を間違っているだけで、ちゃんと読み取りはできてるよ。それって全然苦手じゃないから。**答えがわからないことが苦手だからね。次にやらなければいけないのは、説明文をちゃんと読むことだけだよ**」と話したことがあります。

私からしたら、子どもに「自分は国語が苦手なんだ」と思わせてしまうことのほうが怖いのです。いったんそう思い込んでしまうと、どんどんその教科が嫌いになってしまいますから。ただの思い込みから苦手意識を植えつけないよう、親御さんには「それって全然苦手じゃない」と声がけしてほしいと思います。

07

QUESTION

子どもを本好きにしたいし、もっと本を読んでほしいです

ANSWER

音読のあとに質問をしてコミュニケーションを図りましょう

子どもに本を読んでほしいなら……

「国語の力を育てるのは読書」――そう考えている親御さんは多く、「子どもにもっと本を読んでほしい」という相談は、塾講師時代もよく受けていました。

まず、私が保護者の方におたずねしていたのは**「親御さんは、本を読まれますか？」**という質問です。

そうすると……ほとんどの親御さんが「本を読んでいない」と答えるのです。おそらく、子どもは純粋に「ママは本を読め読めって言うけど、なんでママは読まないんだろう？」と思っているはずです。でも、これって当たり前の感情ですよね？

子どもに本を読んでほしいなら、やはりまずは親御さんが本を読むことが一番です。子どもは親御さんが本を読む姿を見て興味をもちますし、「一緒に読もう」というスタンスのほうが子どもも読書に取りかかりやすいですから。

読み終わったあとのコミュニケーションが大事

特に、読むことに関しては、学年が下のときのほうが身につきやすいので、早い段階で対応することをおすすめします。

そこでうまく利用してほしいのが、低学年の宿題には必ずと言っていいほど出る「音読」の宿題です。この宿題で、私が意図的に息子にやっているのは、音読のあとに内容について1つ、2つ質問するということです。

例えば、長男が小1のときの音読の宿題で、「しとしと雨がふっている」という文があったときに、「息子は『しとしと』という状況をどう感じているんだろう？」と思い、

「『しとしと』ってどういう感じだと思う？」

と質問したことがあります。これは別に正解を求めているわけではなく、「しとしと」という言葉のイメージをもってほしいと思って質問したのですね。長男が「弱い感じの雨

かな……？」と答えたので、「そうそう、そんな感じだよね」と会話をしました。
こうすることで、**息子の頭の中で「し・と・し・と」というただのひらがなの文字列だったものが、弱い雨の情景に**変わります。そうすると、子どもが文章や物語の世界に入っていきやすくなると思います。

この話を知り合いのお母さんにしたら、「音読の宿題でそんな冴えた質問、私にできるかな？」と焦ってしまった方がいたのですが、そんなに意気込まなくても大丈夫です。例えば、文章で登場するキャラクターについてたずねるような、

「かえるくんとがまくん、どっちが好き？」
「○○がかえるくんだったら、このときどうする？」

といった正解がないおしゃべりでも十分です。

質問は子どもに理解しやすい平易な言葉で

なお、質問をするときには、できるだけ**お子さんが理解しやすい言葉**を使ってあげてください。

例えば、先ほどの「しとしと」を問う質問でいえば、「どういう感じ?」を「どういう状況?」とか「どういう場面?」など、なにげなく子どもにとって難しめな表現を使ってしまうかもしれません。その言葉でお子さんが理解できればいいのですが、質問されている言葉の意味がわからなくても、自分からわからないと言わない子も多いので注意が必要です。

できるだけ、子どもにもわかりやすい言葉で質問をして(それがなかなか難しかったりしますが)、子どもがその言い方でわかるか心配なときには、「『状況』って意味がわかる?」と聞いてみてください。**子どもが「わからない」と答えたら、子どもに教えて語彙表現を増やすチャンス**です。

大事にしてほしいのは、読み終わったあとのコミュニケーションです。音読の宿題のあとというと、だいたい親御さんはサインしておしまいだと思います。そこで、何かひとつでもいいので質問して、子どもと一緒にその文章の世界を味わってみてほしいのです。

これを習慣づけると、**子どもの思考がただの文字を読むという作業から、文章の世界に入っていくというベクトルに向く**ので、そこがすごく大事だと思っています。おまけに、この読む力は、あとあとの国語の長い文章題を解く力に大きくつながっていきます。

ちなみに、**音読の回数は重要ではありません。**子どもがちゃんと読めているなら**1回で十分**なので、その1回を内容の濃い時間にしてあげましょう。

親子が一緒に本を読むことの意味

まだ文章を読むのが苦手なうちは、音読の最中は、親御さんが遠くで聞いているより、うしろからその文章を一緒に眺めてあげることをおすすめします。長い文章を読んでいると、後半にどうしてもダレてくるのですが、こうして「一緒に読んでいる」という空気感を出してあげると、子どもの集中力は上がります。

もっと小さい子の場合は、寝る前に親御さんが読み聞かせをしているご家庭もあるでしょう。**読み聞かせの一番いいところは、親御さんと子どもが一緒に同じ本を楽しんでいるという時間と空間を楽しめる**ことだと思います。もちろん本の内容が楽しいということもありますが、お父さんやお母さんと一緒に何かしているという安心感がすごく大きくて、そこから「本を読むのって楽しいんだな」という感情が湧き出てくるのだと思っています。

08

QUESTION

子どもが興味をもって読んでくれる本を知りたいです

ANSWER

本屋にお子さんを連れていって選ばせるのが一番です

本屋さんには子どもも連れて

親御さんには、「子どもにはこういう本を読んでほしい」という理想や希望があるかもしれませんが、基本的に、本は子どもが読みたいと思ったものを読ませるのが一番です。

わが家は、本屋さんに行くときには必ず子どもも一緒に連れていきます。やはり実物を見せて、子どもが「これがいい！」と思った本を選ばせるのが一番ですから。可能であればネットショッピングよりも、実物に触れられる本屋さんに行って子どもに選ばせてあげることをおすすめします。

ちなみに私は、本は惜しみなく買うタイプなので、子どもが欲しいと言った本は基本的に全部買います。漫画も大歓迎です。ただ、わが家には、買った本に対してひとつルールがあります。それは、**「途中でちょっと違うと思ったら潔く読むのをやめてOK。ただし、自分が選んで買ったからには1ページも読まないのはダメ」**というものです。そういうことも伝えて、一緒に買いに行って選んでもらっています。

もし親御さんがどうしても子どもに読んでほしい本があるとしたら、**「ごめん！　今日だけはママが選びたいんだけどいいかな？」**と断って、親御さんが選んだ本をすすめてみてもいいと思います。いつも自由に選ばせてもらっている子は、たぶん「ダメ」とは言わないと思います。そこから、新しい分野の本にも興味が広がってくれればいいですよね。

本に興味を示さない子だっている

ここまで、本についていろいろと話をしてきましたが、とはいえ、親御さんがいろいろやっても、本にまったく食いつかない子も少なくないと思います。その場合は、「わが子の興味は、今は違うんだな」と開き直って、その子が夢中になれるほかのものを探せばいいだけのこと。別に本を読まないとダメ人間になるわけでもないので、無理強いする必要はありません。

よく「子どもはみんな絵本が好き」と言う人もいるのですが、子どもをカテゴライズする人の話を聞いて不安になるのであれば、私は、基本的に無視していいと思っています。そういう傾向があるだけで、100人いて100人に当てはまることなんて絶対ないと思うんですよね。ちなみに、私は大学生になるまで本が嫌いでした。本を読み始めるようになったのは、大学生からです。

子育てに関する「こうあるべき」という定説を聞いて不安になるより、**「いろんな子がいていいんだ」ということを、親御さんの視点として大事にもっていてほしい**と思っています。

09

QUESTION

英語は少しでも早いうちから学ばせたほうがいいでしょうか？

ANSWER

英語は1日1単語で十分、あとからやっても追いつけます

5、6年で英単語600語を習得!?

英語も、算数と同じ「積み上げ式教科」です。以前に学んだことを土台に、次のステップに進んでいきます。

今までの小学校の英語は「英語に慣れ親しもう」くらいの遊び感覚だったのですが、2020年から学習指導要領が変わり、5年生から本格的に教科としての英語の授業が始まりました。教科書もだいぶ分厚くなり、習得する単語数についてはちょっと驚かれるかもしれませんが、**「5、6年で600単語くらい覚えましょう」**という目安になりました。

「英単語600!?」なんて聞くと、親御さんは焦りを感じてしまいそうですが、でも、そんなに焦る必要はありません。例えば、5年生から1日ひとつの単語を覚えるだけでも、中学生になるまで600単語は軽くクリアできます。それに、penやdogそれにcakeやmilkなどすでに子どもでも知っているような単語もいっぱい含まれますし、happyやniceのような聞き慣れた単語も多いです。

やはり英語教育のメインは中学校なので、小学生のうちは中学校からの英語教育にスッと入っていけるような準備ができていれば十分だと思います。もしご家庭で英語を勉強するとしたら、**1日1個の英単語を覚える程度でも十分**だと思います。

「1日たった1個でいいの?」と思われるかもしれませんが、もしも1年生から6年間続ければ2000個を超えますから。それは、高校受験に対応できるレベルの単語量ですよ。

ちなみに、私が息子たちにやっていたのは、例えば、テレビを見ていて「ソルト・キャンディ」というお菓子が出てきたときに、**「これ、どんな味のキャンディだと思う?」**と聞いてみる程度のことです。candyがアメということは息子たちもわかっているけど、saltは知らないだろうから、**「saltって塩のことなんだよ。だからしょっぱい味のアメなんだよ」**

と話します。日常の中で英単語が出てきたとき、教えるのにいいタイミングがあれば利用しています。

英語はあとからやっても追いつく教科

英語については、小さな頃から熱心に習わせている親御さんも多いと思います。小さい頃からやっていれば耳も慣れますし、単語や文法も自然と覚えて、よいこともたくさんあるので、子どもが楽しんでやっているならいいと思います。

でも、親御さんが危機感にあおられて子どもにやらせるようなものではないと、正直、私は思っています。

よく「RとLの発音の差は小さい頃からやらないと身につかない」なんてことも言われますが、絶対身につかないなんてことはないですから。よほどのネイティブレベルを求めるなら別なのかもしれませんが、個人的には、早期の英語教育にお金と労力をかけるなら、幼少期はもっと違う非認知能力を伸ばすようなことをしてあげたいと思います。

10

QUESTION

子どもの苦手教科を克服させるにはどうしたらいい？

ANSWER

苦手教科を「好き」にさせるより、「普通」を目指しましょう

苦手の反対は「好き」ではなく「普通」

苦手教科の克服について、まず伝えたいのは、無理に好きにさせる必要はないということです。好みの問題もあるので、**「嫌い」から「普通」くらいの感じになれば十分**です。だいたい「勉強大好き！」なんていう子はそんなに多くありません。

例えば、子どもに「理科って好き？」と聞いても、「うーん、別に……」という答えが返ってくることが多く、「算数よりは好きだけど……」という程度の相対的なものだったりします。無理して勉強を好きになる必要はなく、「普通」程度で十分だと思います。

では、「嫌い」から「普通」になるためにはどうしたらいいのでしょう。

苦手教科ほど、量を減らす

そもそも、子どもがその教科を「嫌い」という理由をわかりますか？

それは単純明快で、「解けないから」なんです。ですから、**「嫌い」が「普通」になるには、単純に、解ける問題が増えるようにすればいいだけ**のことなのです。

ただし、そのために大量の勉強を強いる、という発想はやめてください。

例えば、算数で小数のわり算が苦手という子に、それを克服させるために大量の計算問題をやらせたとしたら、これはもう苦行でしかありません。そうではなくて、今まで繰り返しお伝えしているように、**「少ない量」で確実に解ける**ようにするのです。

塾講師時代から私は、**「苦手だからこそ問題数を減らす」**ことにこだわってきました。

結局、10問の問題をやる場合も、最初の1、2問でやり方を覚えて、あとの8、9問は確認でやらせることが多いんですよね。問題をいっぱいやったから定着率が上がるというものでもないので、それよりも少量を繰り返しやるほうが効果的だと思っています。

具体的には、10問の問題があったら3問だけ解いてやり方をしっかり覚え、次の日にちゃんと定着したか試しに1問解いてみます。そこで解けたらもうＯＫです。

11

QUESTION

勉強量を少なくしたいのに宿題の多さはどうしたらいい？

ANSWER

先生に宿題のやり方や回数の交渉をしてみて

宿題は「大は小を兼ねる」の発想

学校の宿題は、量を多く出されがちです。それは、教育熱心な保護者ほど「宿題が少ないと心配」「もっと宿題を出してほしい」と要望してくるため（とはいえ同じクラスで宿題の量に差はつけられず）、一律で多く出さざるを得ない先生もいるようです。

これは、大きいものと小さいものの2択で大きいほうを選んでおく、つまり「大は小を兼ねる」の発想です。

でも、勉強において私のスタンスは**「できる限り小」**ですから、学校の宿題の考え方とは真逆なのです。

そもそも私は、学校の宿題制度は必要ないと思っていて……。漢字1文字を覚えるために、ノート1ページ分も書く必要なんてありませんし、音読で同じ文章を5回も読むなんて自分でもやりたくないですから（笑）。

回数にこだわらずに「覚えたらよし」というやり方のほうが、子どもにとっても筋が通るので、わけもわからず何回も押しつけられるより納得してやってくれます。

わが子には学校の宿題が多すぎると感じたら？

宿題の量について、もしわが子には多すぎると感じているとしたら、一度先生と交渉してみることをおすすめします。

交渉のコツとしては、宿題に対する先生の意図を汲み、先生の意見も認めた上で「お願い」すると聞き入れてもらいやすくなります。

具体的な流れを紹介しましょう。まずは、次のように先生の意図を確認してみます。

「先生は、漢字や書き順を覚えるために、こういう宿題を出されているんですよね？」

おそらく「はい、そうですね」といった肯定の返事があると思います。そうしたら、

「覚えるという点は絶対に満たせるようにするので、やり方や書く回数などはこちらでコントロールさせてもらっても大丈夫ですか？」

という感じでお願いします。

保護者側の意図や目的を説明しないで、いきなり「宿題を減らしてほしいんですけど……」という要望から入ると、先生としては「ちゃんと覚えさせるためにやらせているんですよ？」と言いたくなるので、気をつけましょう。

もしも、「いえいえ、ご家庭ではなく、学校が出す宿題のやり方に合わせてください」というような先生だったら……私だったらもう無視して自分のルールでやっていきます。

子どもには、次のように伝えるでしょう。

「覚えることが目的だから、量を減らすのは全然悪くないんだよ。その代わり、量が少なくてもやるからにはちゃんと覚えようね。もしそれで先生に何か言われてもパパが責任とるから大丈夫！」

親子で意思疎通ができて子どもも納得してくれたら、宿題については量を減らしてもいいと思います。

何より私は、先生よりも子どもの味方をしたいですから。

12

QUESTION

タブレット学習はやらせて効果があるものでしょうか？

ANSWER

学習の定着を確認しつつ、好きならどんどんやらせて

学習がちゃんと定着しているかを確認

タブレット学習は効率的に楽しく勉強できるシステムができあがっているので、好きな子にはどんどんやらせていいと思います。

特に**タブレット学習と相性がいいのは、ゲーム好きなお子さん**です。ゲームと同じようなデジタル機器を使うので、遊び感覚で取り組むことができるでしょう。

反対に、タブレット学習が好きではない子もいます。これまで、タブレットやスマホに興味がなく触ってこなかった子は、操作に慣れないかもしれません。まわりがやっているからと「うちの子にもやらせよう」と、同調する必要はないと思います。子ども自身がやりたがるかどうかが大事です。

なので、親御さんがわが子のタイプを見極めてうまく活用してみてください。

子ども任せのタブレット学習をしていないか

ただ、タブレット学習ではひとつだけ気をつけるべきことがあります。それは、楽しいからどんどん進められるものの、一方では、定着しにくい面があるということです。

タブレット学習は便利なので、子どもに渡して任せっきりだと、**親御さんが把握するのは「どれだけ勉強したか?」という量だけ**になりがちです。

配信される問題をどんどん解き進めていたから安心していたら、意外と覚えていなかった……なんてこともあるので注意が必要です。

結果、「こんなにやってるのに全然覚えてないじゃない!?」とつい叱ってしまうと、子どもがタブレット学習自体にやる気を失ってしまいます。

ですから、ときどきは子どもと一緒に、タブレットで学習する様子を見る時間を作るといいと思います。自分の頭で考えて解答を選択しているか、間違いを直しているか、**学習の定着につながっているかを親御さんが確認してあげる**ことが大切です。

13

QUESTION

家庭学習が難しい場合、塾に通わせたほうがいいですか？

ANSWER

子どもがつまずいたらできるだけ早く通わせるのがベター

塾は、ただの選択肢のひとつ

よく親御さんから「塾に行かせたほうがいいですか？」と相談を受けるのですが、私の答えは、「塾はただの選択肢のひとつ」です。

では、塾に行くメリットとデメリットを考えてみましょう。

一番のメリットは、「成績が上がる（かも？）」ということです。「かも？」をつけたのは理由があります。ちょっと厳しいことを言うようですが、「塾に通いさえすれば成績が上がる」と思っていると、正直、入塾後に痛い目にあいます。もちろん成績を上げることは塾講師の責務なので一生懸命やってくれるでしょうが、こればっかりは子どものやる気次第なので、絶対に上がるとは言い切れません。

また、例えば、週1コマ90分の塾に通っても、その90分の授業だけで成績を上げることはできなくて、重要なのは、塾で学んだことをどう家庭学習で定着させるかなのです。

ですから、私は家庭学習の大切さを力説しています。

「塾に行ったら成績が必ず上がる」という説は幻です。ほかには、家に勉強する環境が整っていない場合、自習室などが使えるといったメリットはあります。

デメリットは、費用です。特に、個別指導になればなるほど費用は高くなります。費用については、187ページで詳しく説明しますので、そちらをご参照ください。

ほかには、子どもの自由時間が減る、親御さんの送迎の手間がかかるなどのデメリットがあります。

どのタイミングで行くべきか？

では、塾に行くとしたらいつ行くべきなのか？――塾を考えるタイミングとしては、家庭で勉強のつまずきを解消できなくなったときです。親御さんが教えられなかったり、子どもの中で学習した内容がこんがらがっていたり、理解が不完全な部分がたくさん残っていたり……プロのサポートが必要になってきたら考えていいと思います。

ただ、ここで覚えておいてほしいことがひとつあります。それは、子どもがつまずいている期間が長くなればなるほど、リカバリーのための時間とエネルギーは多くなるということです。なので、**子どもがつまずいていると思ったら、できる限り早めに塾などのサポート体制を考えたほうがいい**です。

一番の理想は「良好」の状態から通うこと

塾講師時代の先輩がすごくわかりやすいたとえをしていたのですが、それは、**「塾は病院ではない」**ということです。

基本的に、病院は体調を崩したらお世話になるところですよね？　でも、塾は勉強がわからなくなってから行くのだともう遅いんです。

このタイミングは、子どもは自分ではわからないので、親御さんが気をつけてみてあげてください。子どもが勉強していて「？？？」がいっぱい出てくるようになったら、一度塾の体験授業に行ってみてもいいと思います。

いつか塾に行くことを前提で考えているご家庭の場合、**一番の理想は、子どもの勉強の理解度が「良好」の状態で行かせること**です。つまり病院のたとえでいうと、病気の予防のために健康なうちから通わせるのです。

塾に通わせる期間が長くなると、その分費用がかかると思われがちなのですが、実は、悪化してから行ったほうが受講しなければならないコマが増えたりして、結局、費用が高くなってしまうこともザラです。特に、算数・英語などの「積み上げ式教科」の場合は多々あります。

もちろん、ここらへんはご家庭の経済状況にもよりますので、あまり強くは言えないのですが……。

いい塾の条件とは？

では、数ある塾の中から、どんな塾を選ぶべきなのでしょう？　よい塾の条件についてはいろいろな意見があると思いますが、個人的に次の4つを押さえてほしいと思っています。

❶ 体験授業は必ず受ける。知人の意見は△

体験授業は絶対受けてください。通うのは子どもなので、必ず子ども自身の目で確かめさせてください。「この塾でがんばりたい」と思うかどうかが非常に大事です。

個人的におすすめしたいのは、体験授業の後のフィードバックで、**子どものできないところとできるところをセットできっちり話してくれる先生かどうかが大切**です。どんな子でも、どんな成績の子でも絶対両方の面があるので、そこをしっかり話してくれる先生は信頼できる先生だと思っています。

ママ友やネットの口コミを気にする方もいますが、参考程度にしてください。「あそこの塾はいい」ではなくて、「あそこの塾はいいって言う人がいる」くらいの温度感で受け止めることが大切です。

また、塾の先生は異動が多く、ネットの口コミは古い情報も多いので、数年前の情報はあてになりません。また、大手塾などだと、教室によって雰囲気がかなり違うので注意が必要です。

❷ お金の話をにごすところは黄色信号

お金の話は必ず突っ込んで確認してください。

例えばA塾とB塾、月謝だけで見ると、Aは9000円、Bは1万2000円だと、一見A塾のほうが安く見えるのですが、実はそこに教材費とか年会費とかを入れるとA塾は月謝が1万2500円になる、なんてことも多々あります。

ほかに、季節の講習会は自由参加なのか強制参加なのか？　テストは年に何回くらいあっていくらなのか？　など。季節講習会はだいたいどこも自由参加としていますが、ほとんどの子が講習会を受けているような状況ですと、自分の子だけ受けないというのは親御さんも子どもも非常に負い目を感じてしまいますから。

上記のプログラムが全部込みで1年間どれくらいの費用がかかるかは、必ず確認してください。もしお金の話をにごすような塾だったら、私は、絶対におすすめしません。

❸ 先生の変更については要確認

子どもにとって塾のメリットは、先生を選べるところにあります。より子どもに合ったよい授業を受けられるよう、先生が変更できるのかどうかも確認しましょう。

変更できると言っておきながらワンシーズンは変えられない、という塾もありますから、どれくらいの期間で変更できるのかもしっかり確認してください。ただし、集団塾の場合は、先生の変更は難しいケースもあります。

④ トイレをチェックしよう

私は、トイレの掃除がきちんとされているかどうかに、その塾の指導の丁寧さが出ると思っています。トイレ掃除って基本やりたくないんですよ。でも、そのやりたくないことをきっちりやってくれる姿勢が、子どもの指導にも出ると思っています。

逆に、いくら施設がきれいでもトイレの掃除が行き届いていないような塾は、子どもにも細かい指導をしていないのでは？　と疑ってしまいます。


ほかに、塾に相談に行く前は、事前に聞きたいことをメモして持っていくことをおすすめします。塾講師の勢いに押されて、聞きたかったことを聞けなかった……なんてこともよくあるので、**質問メモを用意**しておくといいでしょう。疑問点はしっかり確認し、対等な立場から話を聞いてきましょう。

5

CHAPTER.5

この先ずっと自分から勉強する子でいるために

01

QUESTION

「何のために勉強するの？」と子どもに聞かれて困っています

ANSWER

やりたくないことでも「工夫してラクする力」を得るために

「勉強したくない」から出る質問

「計算問題なんて、電卓でやればいいでしょ」

「普段の生活で、分数のかけ算、わり算なんて使わないでしょ？」

学年が上がったり、勉強が難しくなって壁にぶち当たったりすると、子どもが「何のために勉強するのか？」と勉強の意味を問うこともあると思います。

正直、同感するところもありますよね。実生活の中では使わない知識もあるので、子どもたちが嘆く気持ちはよくわかります。

塾講師時代もこの手の質問はよくあり、こういう質問をするときは、**すでに子どもが勉強をイヤになっている証拠**です。なので、その度に私は次のように答えていました。

「正直、将来使わない知識もいっぱいあると思うよ。でも、別に知っておいても損はないんじゃないかな？　世の中にムダな知識なんてないと思うんだよね」

勉強で「工夫してラクする力」を養って

将来、子どもたちが仕事をするようになったとき、実際に働いてみると、どんなに憧れた仕事でも、泥くさくて面倒くさい面がたくさんあることを思い知るでしょう。特に、働き始めの頃は、下働きや雑用を任されることもありますよね？

そのとき、**「やりたいことだけやりたいので、やりたくないことはがんばれません」なんて逃げていたら、いつまでたっても何もできないまま**です。

生きていると、やりたくないことにも立ち向かわなければならないときは必ずあります。そんなときに自分を助けてくれるのは、**やりたくないことを工夫してラクに成果を出す力**です。イヤなことは労力を最小限に、いかに工夫をして最大限の結果を生み出すのか？

それは今、目の前にある勉強でも同じことです。そういう力を勉強で養ってくれたらすごくかっこいいな、と思うのです。

02

QUESTION

「がんばることに意味はあるの？」と聞かれてうまく答えられません

ANSWER

がんばった先にしか見ることができない景色があります

努力の先に見つけたもの

お子さんががんばることには、絶対に意味があります。ここでは、塾講師時代に出会った、印象的な生徒の話をさせてください。

中学3年の夏に入塾してきた女の子がいました。彼女は制服を着崩して見た目はヤンチャっぽい子だったのですが、話してみたら意外とまじめな面もあります。将来は保育の仕事に就きたいという目標もあり、希望の学校の入試に向けて一緒にがんばることになりました。

でも、いかんせん、今までまったく勉強してこなかったようで、中3で「3－5＝□」

という計算がわからないほど……。そこで、小学校の分数・小数まで戻って勉強し直したのです。その子はまじめに取り組んでがんばってくれたのですが、なかなかすぐには成果が出ませんでした。

それでも彼女は必死にがんばり続けました。たくさんの宿題を出しても必ずやってきたし、塾が閉まるギリギリまで自習室で勉強して、ちょっとずつですが成績が上がってきました。そして、本番直前の模試では、志望校にギリギリ合格判定が出るところまでいったのです。

でも、残念ながら志望校に合格することはできませんでした。入塾前の通知表がほぼオール1だったことも影響し、内申点のマイナスをくつがえすことはできませんでした。

私は、その子の半年間の必死の努力をずっと見ていたので、合格させられなかったことが申し訳なくて本気で謝りました。そのとき、彼女が言ったのです。

「先生、謝らないでください。私、1ミリも後悔はないです。私、こんなにがんばったの、生まれて初めてなんです。試験は落ちちゃったけど、今回がんばったことは絶対に意味があると思う。だからこの先もがんばるね！」

合格することはできなかったけれど、その子は入塾当初とは別人のように成長してくれ、努力の末に大切なことをつかんでくれたように感じました。今でも思い出深いエピソードです。

「どうせ」じゃなくて「きっと」

勉強で壁にぶち当たると、子どもも心が弱って「どうせやったってムダだ」とか「どうせできっこない」など、「どうせ」という言葉を連発するようになると思います。そんなときは、子どもの不安な気持ちを受け止めつつ、親御さんは**「どうせ」を「きっと」という言葉に置き換えて**あげてください。

ちょっと話が飛びますが、私は、元テニスプレーヤーの松岡修造さんが大好きです。松岡さんがおっしゃっていたことで、こんな言葉が印象に残っています。

「高い壁があって、100回叩かないと壊れないとします。でも、いつかは壊れることを知らないと、90回叩いてあきらめてしまう子も多い」

これは、まさに勉強においても同じだと実感しています。あともう少しで成果が出るのに、その手前であきらめてしまう子がすごく多いのです。

なかなか成果が出ず、心が折れそうになると忍び寄ってくるのが「どうせ……」という否定的な気持ちです。「どうせ」という言葉を使うと、「どうせできない」「がんばってもどうせ無理だ」と続く言葉はネガティブなものになってしまいます。

そうではなくて、大事なのは「きっと」という希望です。**塾講師時代、私は子どもたちに「絶対（できる）」と言い切っていました。**でも、親御さん自身も不安だと、「絶対」という強い言葉を使うのは難しいと思います。そんなときは「きっと」を使って、

「きっと伸びる」
「きっと大丈夫！」

と子どもの心の不安を和らげてほしいと思います。

03

QUESTION

親から見てもがんばっているのになかなか成果に結びつきません

ANSWER

長期的に見て努力がムダになることは絶対にありません

勉強の努力は必ず報われる

私は、勉強の努力は必ず報われると思っています。先ほどの中3の女の子のように、短期的には間に合わず、受験の結果には結びつかないこともあるかもしれません。でも、長期的に見て、勉強において努力がムダになるようなことは絶対にありません。

成果が出るのにかかる時間は、人それぞれ違います。すぐに成果が出る子もいれば、なかなか成果が出ない子もいます。ずっと停滞していたけれど、最後にグンと一気に駆け上がる子もいます。しかし、当然がんばれなかった期間が長ければ長いほど、成果が出るには時間がかかります。

子どものがんばりをそばで見守る親御さんは、子どもが落ち込む姿を見ると気が気ではないと思います。でも、**たとえテストの点数がなかなか伸びなかったとしても、内容を細かく見てみると、そこには必ず何かしらの成長の足跡が見つかるはず**です。

例えば、以前間違えていたことが解けるようになったり、ケアレスミスが減っていたり……子どもは内容の細かい分析まではできないので、そこは親御さんが見て、お子さんの成長の証を伝えてあげてください。それは必ずお子さんの勉強への励みになります。

また、親御さんがどうしても不安なときは、正直な気持ちを伝えてもいいと思います。

「お母さんの正直な気持ち言わせてもらってもいい？　〇〇は本当にがんばっていると思う。正直、結果がなかなか出ないのは、なんでだろうと思うし、〇〇はつらいよね」

そう伝えた上で、成長している点もフォローしてあげてください。

「でもテストの内容を見たら、前よりできることが増えてきたよ。このままできることが増えていけば、きっと成績は伸びると思うよ！」

そんなふうに伝えて、子どもの心を支えてあげてほしいと思います。

04

QUESTION

子どもの成績アップには親の手厚いサポートが必要では？

ANSWER

必要なのは「子どもには子どもの人生がある」という視点

「この子のため」はサポート？　それとも押しつけ？

塾講師時代に、親御さんと二者面談をしていて感じたことがあります。それは、「教育の主役」が親御さんになってしまっているケースがあるということです。

「この子のために私が一生懸命やらなければ」

「私がこれだけやってあげたから成果が出た」

などと親御さんが話していることがあって、主語が「子ども」ではなく「私」になってしまい、一生懸命にサポートしているつもりが、いつしか親の意見を押しつけてしまっているのです。特に、親御さんの余裕がなくなればなくなるほど、我が出てきて、子どもの気持ちは置き去りになりがちです。

子どもが反発できれば、ある意味健全なのですが、小さいうちは親の言うことが絶対だったり、反発してもめるのが面倒くさかったりして、納得いかなくても言い返さない子も多いです。それでも一見、親子関係はうまくいってしまうので、親も気づきにくいのですが、水面下では少しずつ歯車が噛み合わなくなっていることも少なくありません。

勉強でも誕生日でも、子どもの意思を尊重

また、こんなお母さんもいました。子どもの成績が悪いことに焦り、独自に調べて参考書を大量に買い、全部を子どもにやらせようとしたのです。そのとき、私はこう聞いてみました。

「子どもの誕生日プレゼントを探すときはどうやって探していますか？　お母さんが勝手に決めていますか？　それとも子どもの希望を聞きますか？」

すると、「それは当然、誕生日プレゼントは本人に何が欲しいか聞きますよ」と答えます。

「勉強も同じですよ。**誕生日も勉強も、子どもが主役**です。お母さんが調べてくれたことはもちろん大事な情報なので、お子さんに伝えてあげてください。でも、一度子どもの意見も聞いてみませんか？」

そうお話ししたところ、ハッとした顔をされていました。

勉強も誕生日と同じくらい子どもが主役だということを、親御さんには忘れずにいてほしいです。

親と子どもは別の人格

自分が「勉強の主役」になってしまう親御さんには、2つのパターンがありました。ひとつは勉強への苦手意識の強かった親御さんで、もうひとつは勉強が得意だった親御さんです（第1章の54ページ）。


1つめの勉強への苦手意識の強かった親御さんは、その苦労を知っているだけに、「自分みたいになってほしくない」「同じ思いをさせたくない」と躍起になってしまうのです。

また、自分が勉強で成果を出す経験をしてこなかったので勉強に対して自分なりの答えが出ていません。ネットやママ友からの情報に頼るのですが、いろんな情報がありすぎて、あれもこれも全部やらせようとして子どもも親もパンクしてしまうのです。

２つめの勉強が得意だった親御さんは、勉強において自分なりの答えをもっていて自信がある分、「私が考えた勉強法に間違いはない」「わが子にも合うに決まっている」と、自分の考えを疑わずに子どもに押しつけてしまう傾向にあります。

どちらのタイプの親御さんも、無意識のうちに子どもを自分自身に重ねていたり、自分と同一視したりするから、親の意思が前面に出てしまうのだと思います。

でも、いくら自分の遺伝子を受け継いでいても、子どもは親とは別の人格をもったひとりの人間です。どんなに小さくても子どもは自分で考える力をもっていて、子どもなりに少しずつ自己を形成して成長していくのです。

「今、私が息子にやっていることも、いつか合わなくなるときがくるかもしれない。だって、私とこの子は別人だから」

私自身、そうやって毎日、自分に言い聞かせています。

「教育の主役は子どもである」「子どもには子どもの人生がある」ということを強く認識することは、親としてとても大切なことだと思います。

05

QUESTION

うちの子だけのんびりさせていいのかなと焦ってしまいます

ANSWER

親の気持ちに余裕があるほうが子どもの活力源になります

親が焦ってしまうのはなぜ？

塾講師時代に、親御さんと二者面談していてよく思ったのは、「とにかく子どもに勉強をやらせなければ……！」と焦っている方がすごく多い、ということです。

おそらく、まわりの親御さんたちがみんな子どもの教育に一生懸命なので、わが子も後れを取らないようにと必死なのでしょう。親御さんの本音としては、「小学生のうちくらいは、もう少しのんびりさせてあげたいけど……」という部分があるのかもしれませんが、「周囲が熱心だから、わが家だけのんびりというわけにはいかない！」と考えてしまうのも無理のないことかもしれません。

また、今はインターネットやＳＮＳが普及したので、情報を得るのがすごく簡単になりました。スマホでちょっと検索すれば、「子どもを東大に入れたママが教える勉強法」「頭のいい子に育つ親の習慣」など子育ての成功事例（これを成功というかは置いておくとして）がたくさんヒットします。そういった成功事例をわが子に実践しようとする親御さんも多いように感じます。

でも、そんなふうに**教育熱が高まって「勉強をやらせる」状態は、子どもにとってはもちろん、親御さん自身もすごくキツイ**と思うのです。そして、親御さんの余裕がなくなると、子どもに対しての声かけもキツくなって、家庭の中がギクシャクしてしまうという悪循環に陥りがちです。

勉強におけるベストアンサーは？

私はＹｏｕＴｕｂｅを通して、たくさんの子どもたちに勉強を教えているわけですが、でも「これをやっておけば全員、絶対に、成績が上がる」という勉強法のベストアンサーはもっていません。そもそも、子どものタイプも親のタイプもみなそれぞれ違いますから、教育において「これ」という正解はなくて当たり前だと思います。

でも、正解はないけれど、ベストアンサーに近づく方法はあります。

それは、親子関係が平和であることです。**勉強を含むすべてにおいて、楽しい親子関係があること、家庭が安心できる場所であることが、子どもにとっての一番の活力源**になります。

肩の力を抜いて子育てを楽しむ

私自身も親ですから、「子どもの教育をしっかりしなければ！」と親御さんたちが意気込む気持ちはよくわかります。

でも、1回その「しっかりしなければ！」という思いをちょっと下ろして、もう少しだけ肩の力を抜いてみませんか？　親が教育に前のめりになるよりも、親自身が子どもとの関わりを楽しむほうが、実は子どもが伸びやすかったりするのです。

例えば、音読の宿題ひとつとっても、

「スラスラ上手に読めるようにしないと！」

「子どもの読解力を育てなければ……」などと教育的な使命感で挑むと、親にとっても子どもにとってもお互いにキツイ作業になってしまいます。

そうではなく、「私も、子どもと一緒に物語の世界を楽しもう」くらいの気持ちで関わったほうが、結果、子どもも物語を読むことの楽しさに気づきやすくなると思うのです。

私がこの本で紹介したことは、声かけを変えたり、遊び感覚の簡単な学びを取り入れたり、普段の生活の中でできることばかりです。お金がかかるようなことは、ほとんどありません。ほんのささいなことなので、よかったら負担にならない範囲で日々の生活に取り入れてもらえたらうれしいです。「はじめに」で申し上げたように、親御さんの肩の力が抜けて、家庭の雰囲気がよくなったら、それは子どもにとって一番の活力源になるはずです。

それに、**子どもをほめて認めてあげれば、子どもは自分でやる**ようになりますし、**親のマインドとしても叱るよりもほめるほうがラクでうれしい**はずです。

ですから、最近気づいたのですが、「子どものため」と言いながら、実は声かけもほめることも「これって自分のためなんじゃ?」と秘かに思っているところです。

おわりに

ここまで読んでくださったみなさまに、感謝申し上げます。ありがとうございます。最後は、私が子育てについて思うことをつらつらと書かせてもらいます。よかったらラストスパートにおつき合いください。

私は、塾講師時代に多くの親御さんに出会いました。多種多様な親御さんとの出会いによって、私の子育て論は、乾燥機に入った洗濯物のようにグルングルンとめまぐるしく回りながら、自分なりの答えにたどり着いていきました。ここでは、その中でも忘れられないある親御さんのエピソードをお話しさせてください。

その方は小学校低学年の男の子のお母様です。私は、その方のわが子への接し方を見ていて、ある違和感を覚えていました。ほかの親子と比べて、子どもとの距離感が独特なのです。「ほどよい放任」とでも表現すればいいのか、ほかの方より「本人任せ」の傾向が強いのです。でも、放任しすぎることはなく、「温かいお母さんだな」という感じでした。

「お母様には何か子育てのこだわりってありますか？」

おわりに

ある日の二者面談で、私はこう質問しました。お母様からの答えを少し書き記します。

「私は、**親の役目は選択肢を見せること**だと思っています。だから、あの子が興味をもったことは、できる範囲で一緒に経験したい。一緒に考えたい。あの子らしいペースで歩みを進めていってほしいなって……。兄の分まであの子には経験させたい、と思っているのかもしれません。とはいっても、なかなか難しいのですけどね……（笑）」

そのとき初めて、その子が生まれる前に死産をしたお兄さんがいることを知りました。

私の子育て論は、このお母様の影響を多分に受けています。この言葉を私の子育て論、もっというと教育論の「幹」として心に育み、そこから自分なりの考えや実践を「枝」として伸ばしていきました。

答えがないものだからこそ工夫しがいがある。これを書いている今日も、トライ&エラーの日々ですが、今回、この本を読んでくださったみなさまとお子さんがより笑顔の多い日々を送られることを祈りつつ、私の好きな言葉とともに本書を締めたいと思います。

「子育ても教育も、答えがないからおもしろい」

教育系YouTuber　葉一

著者略歴

葉一（はいち）

◎1985年福岡県生まれ。東京学芸大学卒業後、営業職、個別指導塾の塾講師を経て独立。教育系YouTuber。2児の父。
◎「塾に通えない子どもたちが、自宅で塾の授業を受けられる環境をつくりたい」という想いから、2012年6月、YouTubeチャンネル「とある男が授業をしてみた」の運営を開始。授業動画はすべて無料で、小学３年生からの算数、中高生の主要教科を広くカバーしており、これを活用して自宅学習で志望校に合格する生徒が続出。子どものみならず、親世代、学校教員にまで認知を広める。
◎親切、丁寧で頼りがいのあるキャラクターと簡潔明瞭な授業動画で人気を博し、チャンネル登録者数は150万人超え、動画累計再生回数は４億回を超える。テレビも含めメディア出演も多数。
◎著書に『合格に導く最強の戦略を身につける! 一生の武器になる勉強法』（KADOKAWA)、『自宅学習の強化書』（フォレスト出版）などがある。

小学生《しょうがくせい》の子《こ》がどんどん勉強《べんきょう》するようになる親《おや》のすごい声《こえ》かけ

2021年7月27日　初版第1刷発行

著　者　葉一
発行者　小川 淳
発行所　SBクリエイティブ株式会社
〒106-0032　東京都港区六本木2-4-5
電話：03-5549-1201（営業部）

執筆協力　中村杏子
デザイン　あんバターオフィス
イラスト　鈴木衣津子
DTP　アーティザンカンパニー株式会社
編集担当　中本智子
印刷・製本　中央精版印刷株式会社

本書をお読みになったご意見・ご感想を
下記URL、またはQRコードよりお寄せください。
https://isbn2.sbcr.jp/10845/

落丁本、乱丁本は小社営業部にてお取り替えいたします。定価はカバーに記載されております。本書の内容に関するご質問等は、小社学芸書籍編集部まで必ず書面にてご連絡いただきますようお願いいたします。

ISBN978-4-8156-1084-5